写给处于教育迷茫中的父母

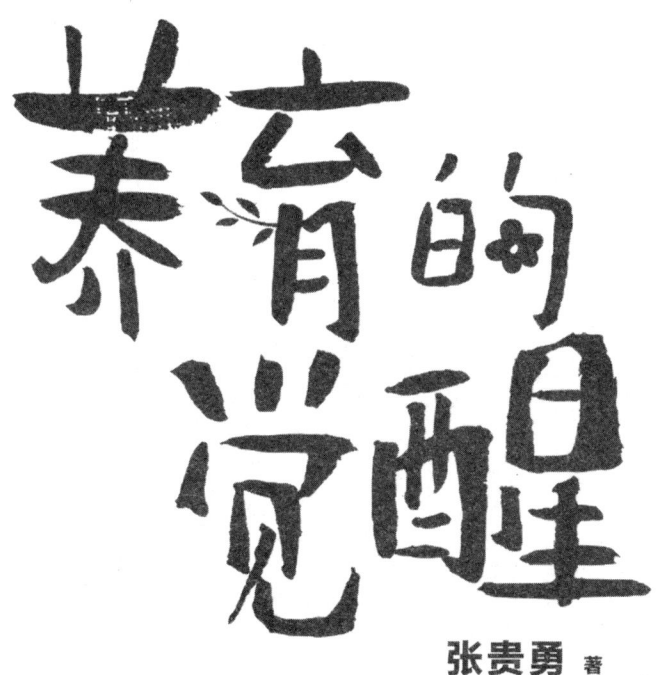

养育的觉醒

张贵勇 著

CNS | 湖南教育出版社

·长沙·

自 序

让我们彼此珍视

生命是有时节的,不同年龄的孩子,差别特别大。

陪伴哲哲这些年,我深切感受到一个孩子的长大:学前六年,他单纯有趣,叽叽喳喳,爱和我说这说那;小学六年,他爱读书,爱运动,爱交朋友,没有各种培训班,我俩一起拓展生活的边界;上了中学后,在繁重的学业压力下,他依然坚持自己的爱好,与我交流虽不像儿时那样多,却也其乐融融。

我眼看着哲哲不断长高,逐渐有了自己的想法;我见证了一个孩子从无知到有知,从活泼转向稳重,从依恋走向独立;我体会到我俩从亲密无间到保持一定距离,由父子渐渐向朋友悄然转变。这个过程,对孩子来说是成长、拔节、羽翼渐丰,乃至涅槃重生;对我来说有点失落,是被迫接受,可谓五味杂陈。

的确,育儿之路绝对不是一帆风顺的,亲子如同夫妻一样,爱着爱着就有了矛盾,过着过着可能就不欢而散。在哲哲上初中之后,我俩和一些父子、母女一样,一度从亲密无间滑向心有芥蒂,其间也大吵大闹过,爆发过激烈的冲突,就差拳脚相加,离家出走了。那时我愤怒于他的不思进取,无奈于他不听我的"良言",伤心于他的我行我素,教育上的挫败感越来越强烈,我多次产生撒手不管的冲动,还用加班来发泄焦虑的情绪。

在与哲哲出现激烈的对抗后，我反躬自省，思考一个孩子为何变得这般陌生，与以往截然不同，以后他又将朝着怎样的方向发展。我重新思考为人父母的意义，去寻找做父亲的门道。在与哲哲妈长谈、阅读相关书籍、听取朋友的建议之后，我慢慢从那种对峙的情绪中走了出来。

我转而秉持少说多做、少批评多关心、少评价多支持的原则，给予他无声的信任，并调整自己的教育行为，接受哲哲当下的状态，接纳他的价值观、生活习惯以及与我相处的方式。他尽管依然像以前一样喜欢把自己关在房间里，但精神状态明显和以前不一样，眼里少了怨怼多了明亮，少了无聊多了兴奋，少了自卑多了自信，并通过画画来打发时间、调整情绪，各方面都变得好了起来。

而后，哲哲顺利上了高中，我给他足够的空间，和他聊他喜欢的动漫，我俩又言归于好了。哲哲已能安排好自己的学习和娱乐，有了远大目标，准备迎接下一个重要的人生节点。坦率地说，看着他越来越好的学业成绩，越来越从容的生活状态，我有种喜极而泣的冲动。

育儿就是这样，酸甜苦辣兼有，成就感、挫败感、无奈感不时涌出，有痛有悲也有喜。我将育儿过程中的得意之处与失落时刻写出来，跟大家分享，是希望更多的父母能及早做好物质上和心理上的准备，主动转身，未雨绸缪。最主要的是，从育儿的焦虑中走出来，对何为成长，何为家庭教育，何为父子或母女一场，有更全面的体认、更深刻的觉知。

所有父母都希望孩子快乐健康地长大，但不少家庭将教育重心放在学业成绩上，过于重视成绩，以考学作为成功标准，不了解孩子的精神世界，这些都是违背教育根本的。只有当孩子把"成为为梦想而努力，享受人生过程的幸福者"的目标始终放在心里，走出自己的人生，家庭教育才有望真正成为孩子成长的助力，激发孩子热爱生活的力量。

我珍视与哲哲的这份父子之缘，怀着极大诚意接受他的赞美和批评，接纳他这个不够完美却很有特点的人。这个世界没有完美的孩子，更没有完美的父母，有的只是彼此珍惜、共同努力、一起成长。如果说生命是一段旅程，那么我们和孩子携手共赴这场相约，认真走好以后的路，才能不负光阴，不负彼此，不虚此生。

目 录

1 父母的旅程

父爱的四张面孔　3

当孩子没有成长为我们期待的样子　12

亲子关系有多重要　19

父母育儿分工的讲究　25

父母的心态对孩子的影响比你想象的要大　30

瞬息万变的信息时代，我们如何做父母　36

让孩子做自己，到底应该怎样做　40

教育孩子，能以不变应万变吗　43

幼年期的陪伴

和孩子一起"不正经"　51

上好幼年期的德育第一课　55

有必要让孩子上高端学习班吗　61

在乡下的生活,是孩子教育的一块宝藏　66

怎样用好童书这一教育资源　70

如何为孩子把好阅读关　74

什么样的"育儿账单"才算好看　77

让假期发挥"间隔年"的作用　81

为什么要引导孩子接纳自我　85

我们给孩子的爱是真正的爱吗　89

童年期的奠基

重新认识"儿童"的内涵　101

童年之于人生有着怎样的意义　105

男孩的情绪管理难题　111

怎样教孩子尊重异性　116

孩子爱打小报告怎么办　120

做孩子心目中的大英雄　124

如何让孩子养成终身阅读的习惯　128

传统节日里有丰富的教育资源　133

再苦再难，也要在孩子面前安如磐石　138

4 青春期的渡口

了解亚文化，陪孩子走过青春期　　145

关注孩子内在的学习动力，而不仅仅是成绩　　156

提高自主学习力是件正经事　　160

放手，是为了孩子更好远行　　167

真正的教育，在于勇于承认失败　　171

当亲子之间发生激烈的冲突　　176

努力摆脱原生家庭的影响　　184

好的亲子关系，从夫妻恩爱开始　　190

1

父母的旅程

为人父母难不难？我的回答是，难，也不难。

说难，是因为任何事情不说做到极致，哪怕做到中等以上，都不容易。当我们怀着对孩子的无限期待，深深嵌入他们的生活，就会发现无论是引导孩子学习，还是了解其内心世界，都需要付出大量的时间，需要长期的坚持，需要把自己的爱好与孩子的生活、把事业与家庭加以平衡。因为不得不断舍离，不得不逆流而上，所以我们也会有失败感，越到中年越感育儿之难。

说不难，是因为如果站在偷懒的父母那一边，能躲就躲，得过且过，把孩子甩给老人，或交给学校，孩子也就慢慢长大了。但此种做法显然不太负责任，等于让渡了对孩子的教育权利。

难与不难之间，貌似因人而异的教育选择，其实考验着父母对孩子爱的深浅、爱的方式。从幼儿园时孩子生病，小学时孩子总是完不成作业，到初中时学业成绩不理想，高中时对我们不理不睬……如何看待家庭教育，决定着我们和孩子的人生。

父爱的四张面孔

> 孩子上了中学,为什么好像突然变了一个人?
> 从幼儿园、小学到中学,父母的教育方式应该如何调整?
> 我们是否只能静观其变,以不变应万变?

自从儿子哲哲上了初中后,家里父慈子孝的氛围似乎一夜间不见了,他好像突然变了一个人。最明显的变化是,原来那个主动、热情、爱跟我说这说那的小家伙,不再唠唠叨叨,反倒是经常会陷入沉默。问他是否有什么与我们分享的,他也总说没有。

以往,给他布置一些任务,比如收拾屋子、洗碗等,他都能很好地完成。现在,他多以作业太多写不完为由拒绝,甚至有点不耐烦,让我们吃够了闭门羹。有时候,在学习和生活上,我会给他一些自以为非常中肯的建议,但他多半不领情;给他推荐几本跟学习有关或人生励志方面的书,他往往也是翻都不翻一下。

一开始，我吼他几句或者对他的交流态度表达不满，还有点效果，后来则屡屡遭遇硬抵抗。再吼他，会遇到更为顽强的抵抗，最终陷入死循环，以至于相对无言。这让我极其受挫，狼狈不堪。为此，我也做了反思，采取了措施——阅读相关书籍，与师兄交流等，来调整与他的沟通方式，才算慢慢走出对峙期，缓解了紧张的家庭氛围，与哲哲重新建立起正常的关系，恢复了每天互道"晚安"。但也不排除偶尔再次对峙，陷入新的冷战。

实际上，不少家庭在孩子升入中学后，都出现了亲子关系骤然紧张的情况，有的亲子冲突不激烈，持续时间也比较短暂；有的则非常激烈且旷日持久，甚至出现媒体所报道的让人心痛的极端事件。其实，看似偶然的亲子冲突，内在有着一定的必然——不只是因为孩子进入了所谓的成长叛逆期，更重要的原因是父母依然在用老眼光看待成长变化中的孩子，依然在用孩子小学阶段采用的教育方式来对待已然长大的孩子。父母的执念或强大的控制欲背后，其实有着对孩子不再像小时候那样顺从、乖巧的反感，有着对自己权威被撼动的不安，以及对孩子未来渐渐失控的恐惧。

这段经历也让我意识到，父母爱孩子，尤其是父爱，不能只有一种"打开方式"，不能只有一张面孔，应该随着孩子的成长而变化。这种变化不是见风使舵，不是"抖机灵"，而是家庭教育规律的内在要求，是帮助孩子身心成长的一种必需。

换句话说，父爱固然有自己的底色，及一以贯之的职责，那就是孩子成长的养育者、监护者、陪伴者、观察者。但除此之外，父爱也要因循孩子成长的不同"节气"，不断变换面孔。与不同面孔对应的是不一样的教育侧重点，是不断转变的教育理念与教育方式。

如果将每六年看作孩子成长的一个蝶变期，那么孩子在成人之前，要陆续经过幼年期、童年期、青春期、成人初显期，父爱因此至少要有四张面孔。

幼年期：父爱的面孔是玩伴

学前六年，是孩子与他人建立亲密关系的关键期，这时候的父爱要体现出童真与谐趣的一面，也就是父亲要扮演好孩子玩伴的角色。

既然是玩伴，就需要父亲拿出时间和诚意，尽量多地陪伴在孩子身边，和他一起运动、游戏、阅读，一起看世界。

而今，许多孩子都是在城市里长大的，父亲不妨找机会带他们到乡间去体验抓虫子、做弓箭、捉小鱼。一些孩子成长于狭小的居所，空间不足，运动量不够，父亲可以和孩子一起到体育场踢足球、滑轮滑，进行各种运动。孩子比较内向的，父亲可以有针对性地陪他玩过家家、演戏剧、当小主播等，鼓励孩子在游戏过程中一点点树立信心，为以后的社会交往奠定基础。

玩伴角色的深意在于，不只是让孩子有一个伙伴，让他们的童年尤其是独生子女的童年不孤单，还为了玩出花样、玩出名堂、玩出能力，培养孩子对游戏的兴趣、对规则的认知、对生活的热爱、对他人的信任，丰富孩子的生命体验，在那颗小小的心灵里注入安全感、充实感和幸福感。

为了让玩伴角色出彩，父亲需要放下所谓的面子与权威，别再把自己当作说一不二的领导者，不必一本正经、一脸严肃，变身为一个无拘无束、对所有事物充满好奇的孩童就好。亲子之间可以合作完成一项任务，交换心得，分享体验；也可以一起阅读一本书或一起外出购物；甚至可以一起坐在地上看远方、看天空。共读时，可以抑扬顿挫、变换声调，一起享受阅读的乐趣；游戏时，可以和孩子对打对闹，使双方更快投入，专注于游戏本身的乐趣。

在幼年期，父亲与孩子玩得好、谈得来，会为增进亲子关系做好重要铺垫，有助于奠定家庭教育的底色，也有利于丰富孩子的社会性，培养他们的亲社会行为。未来孩子是否受人欢迎，能否交到更多朋友，是否拥有较强的责任感和合作能力，很大程度上也取决于这一时期父亲的陪伴质量。

童年期：父爱的面孔是学长

小学六年，是孩子习惯——尤其是学习与生活习惯——养成的关键期，此时的父亲应该是亦师亦兄的模样，以优秀学长的面孔出现，即在陪伴孩子的同时，以良好的榜样形象做出示范，注意培养孩子的学习习惯、行为方式，让孩子具备基本的礼仪、待人接物的能力和较好的学习习惯，并发展出自己的兴趣与特长，慢慢走向自律、自主、自立。

具体而言，在学习方面，父亲要关注孩子的写字姿势、拼音基础、算术能力、听课情况等，当然不必每天像监工一样时刻紧盯，只要在闲暇之余看一看、问一问，督促、鼓励、支持一下即可；同时，多找机会和孩子交流，了解他的在校情况，并每隔一段时间查看孩子作业的完成度，看看是否有忘记写、故意不写的情况，是否认真完成了。

如果有可能，多去参加孩子的班级活动，以更多了解孩子的课堂表现、同伴关系等。假如学校有开放日，一定不要错过机会，认真在班级里听课，观察孩子听课的专注度，并多与各科老师沟通孩子课堂学习状况，及时发现问题，无论是"再接再厉"还是"亡羊补牢"，都是提高孩子学习成绩的关键。

千万不要小瞧了基本学习习惯的养成。我现在比较后悔的是，没能帮助哲哲把字练好，实际上他一、二年级时写字很工整很美观，但到了三年级，可能是为了提高速度，或看别人写连笔字很好看，结果字就飞了起来，显得很潦草。我没有及时让他认识到并改掉这一坏毛病，导致的结果就是到了中学字迹已然成型，考试时给阅卷老师的观感不好，吃了不少暗亏。

字迹工整、认真审题等好习惯，不仅能帮助孩子在学习上游刃有余，在小学阶段建立自信，还能顺带发展出自主学习能力。那些写字一笔一画，课上认真听讲，课下认真完成作业，课后有预习和复习习惯的孩子，往往成绩都不错。

在学习之外，父亲还要像学长一样，以过来人的姿态帮助孩子全面发展。这种帮助不是居高临下发出命令，不是恨铁不成钢地大吼大叫，而是像给学弟学妹建议一样，温柔敦厚地给出适合、及时的指引。父母多关注孩子的心理状况、情绪管理、同伴交往、师生关系、兴趣发展等，有助于他们保持良好的心态，实现身心平衡，在各方面都无所畏惧，做任何事都能全力以赴。

一个人对世界的看法，对生活的信念，往往在小学阶段就播下了种子。因此，以学长面孔出现的父亲，也不能忽略价值观层面的引领，多给孩子讲讲自己的成长故事，对待挫折的做法，爱好与特长的养成经验等，这些都有助于孩子在精神上及早独立，格局大起来，身心强起来。

青春期：父爱的面孔是朋友

到了中学阶段，孩子逐渐进入青春期，处于学习力、自制力和价值观的定型期，此时父爱的面孔应该是朋友，不必每时每刻和孩子在一起，有时候可能还需要你主动隐身，与他们保持距离，尊重他们的隐私，但在他们需要帮助的时候，你会随时站出来。

之所以要朋友的面孔多一些，是因为这个阶段的孩子逐渐走向独立，有了自己的想法，需要独处的空间，如果执意延续幼年期那样的亲密或童年期那样的督促管教，很有可能会像我一样遭遇孩子的反感和对抗。

既然是朋友的角色，就应该拿出诚意与信任，鼓励孩子找到学习的动力、生活的乐趣、前行的勇气、人生的方向。

我一开始不是这样想的，我曾经觉得父爱与母爱不太一样，是有条件地爱孩子，只有孩子朝着自己希望的方向发展，父爱才能与日俱增。与哲哲关系紧张时，我求助于一位做心理咨询的师兄。他问了我一个问题："你有多爱哲哲？"我说："如果用100分来衡量的话，大概有80分吧，还有20分是我无法接受的那部分，那部分是我不爱他的理由。"师兄告诉我："亲子之爱只分爱与不爱两种，没有80分的爱，80分的爱本质上就是不爱。"

这句话刺痛了我,让我反思为什么没有百分百地爱哲哲,结论就是我的爱掺杂了很多功利心。真正的父爱,是真心接纳变化中的孩子,接纳孩子的所有优点与缺点;真正的父爱,是父亲和孩子一起面对逆境,一起去面对和解决成长中遇到的难题。尤其是在孩子面临对异性产生好感、与同学交往受挫等情感方面的问题时,父亲要像朋友一样做好一个倾听者。

青春期的孩子情绪波动比较大,加上中学的学业压力往往很大,此时父亲有必要做好自己的情绪管理,不能像我一样过于情绪化,这样容易给孩子带来不好的影响。在密切关注孩子内心变化的同时,还要记得与孩子的关系不必过于亲密,但也不要产生疏远的感觉,给孩子恰当的空间,把孩子作为独立的个体来看待。

记得有一次在央广《文艺之声》做节目,一位听众知道哲哲已经在上中学时,便好心告诫我与孩子相处的六字箴言——"少说话,多做饭"。如今看来,这个建议很有价值。青春期正是孩子挑战父亲权威、了解自己能力的阶段,他们迎来了精神上的第一次断乳,他们渴望做自己。如果父亲过于强势,只能招致孩子激烈的反抗,结果无非是两败俱伤。

而变身为朋友的父亲,是不离不弃,全身心托举,有坚持有立场的:在孩子有倾诉欲望的时候做好倾听者,在孩子需要指点的时候给予恰当的建议,在孩子需要鼓励的时候为之加油呐喊。朋友交往,重在信任为先、讲究分寸,不过度,不造作,不虚假。多以朋友视角相处,就能如汪曾祺所谓的多年父子成兄弟,互相理解,互相宽容,其乐融融。

成人初显期：父爱的面孔是导师

孩子上了大学，就逐渐进入了成人初显期。成人初显期（Emerging Adulthood）是指 18 岁到 29 岁的年轻人。美国著名心理学家杰弗里·延森·阿奈特（Jeffrey Jensen Arnett）指出，成人初显期是人生的独立阶段，处于这个时期的孩子既不是青春期后期，也不是成年初期，更不是成人转折期，而是存在于生命进程中的一个独立时期。这个时期的产生也有着独特的社会历史文化背景，虽已走出青春期，却还没有成为能够完全承担责任的成人；开始承担自己该负的责任，却不能很好地做出决定，距离实现经济独立、成为一个自给自足的人，尚有最后一公里。

此时父爱的面孔是导师，有着理性的思维、深邃的思想，既关注着孩子的成长，又能保持克制，不面面俱到，不事事包办。在孩子对就业、婚姻、育儿等方面做出重要抉择时，父亲首先要尊重孩子自我决定的权利，不横加阻拦，不越俎代庖。当孩子遇到困难前来求助时，父亲又能够与孩子共情，真正面对问题，条分缕析，给出建议。就像《相约星期二》一书中的莫里·施瓦茨教授，或电影《心灵捕手》里的数学教授蓝波那样，帮助孩子发现问题所在，以正确的方式走出迷茫，摆脱困境。

面对即将自立、拥有自己事业和家庭的孩子，父亲应该显现出经验丰富、博学广识的一面，沉稳内敛，宽容大度，给孩子由衷的祝福。即使此时孩子的某些选择与自己的想法不一致，也要按捺得住，找合适的机会和孩子沟通自己的立场和观点。有的时候，孩子成长需要去试错，试错也很有价值。正如一条路的终点在哪里，只有走一遭才能得出结论，孩子在成长，父母所做的唯有关注和祝福，该鼓励时鼓励，该指出问题时指出问题，但最终还是得由孩子自己做决定。

实际上，父亲能否成为孩子信任的人生导师，跟前面几张面孔扮演得好不好有直接关系。例如在婚姻问题上，有的孩子会征求父亲的建议，有的只是知会一声，有的甚至根本不告知，孩子不同的处理方式背后反映的是不同的亲子关系，折射出的是父亲在孩子心目中的形象与地位。有的孩子一生都没有与父亲和解，其内心深处的痛苦可想而知，而这极有可能成为孩子需要用余生去放下的包袱。

哲哲还没到这个阶段，但我会坚持以这样的身份与之相处，积极担起导师的职责，给他提供我的经验，他接受也好不接受也罢，我都能坦然对待。其实，如果哲哲来问我关于人生大事的抉择的话，很大程度上这是值得欣喜的一件事，因为这说明在他的潜意识里已经认可我作为他的精神靠山了。而终有一天他也将为人父，对"父爱"有自己的体悟，到那时我们也许会有更多共同语言。

四张面孔，四个阶段，内在是一个身体上由近及远、精神上由远及近的过程，为人子、为人父的兴味亦在其中。

当孩子没有成长为我们期待的样子

> 优秀父母一定能养出优秀孩子吗?
> 我们如何摆脱育儿路上的挫败感,收获更多成就感?
> 孩子没有成长为我们期待的样子,该怎么办?

2005年初为人父时,我的心里更多的是紧张、兴奋以及一丝的期待;随着哲哲从幼儿园升入理想的小学,我和哲哲一起憧憬未来的六年,认为接下来依然是美好的生活;等到哲哲上了中学,我感受到了越来越大的育儿压力,并且随着哲哲学业成绩的波动,这种压力与日俱增,我担心哲哲考不上好高中,一无所长,缺乏进取心,将来找不到好工作,活得没尊严,一直坚信科学育儿的我似乎陷入了曾经大火的网文《疯狂的黄庄》中所描述的焦虑旋涡。而且,越临近大考,焦虑指数似乎越高。

父母和孩子,只是一个松散的整体

哲哲不够理想的成绩,也让我开始思考父母的教育方式与孩子的成长到底是什么关系,看上去还不错的父母是否一定能培养出优秀的孩子?如果哲哲的学业一直没有起色,是不是就说明我这个当爸爸的不称职?孩子没有成长为父母所期待的样子,我们是否需要自责?

这个问题我想了很久,有时候会以"父母是父母,孩子是孩子,都是独立的个体"来自我开脱,认为不应该绑定在一起来评价。既然不能单以学业成绩来评价孩子,显然也就不能以孩子的成功来评价父母,毕竟孩子的成长,除了家庭,还受学校教育、社会教育、自我教育等多种因素影响。我们父母要做的,只是尊重教育,只问耕耘不问收获。

但我又是很较真的人,不能完全说服自己。

后来,看到《教养的迷思:父母的教养方式能否决定孩子的人格发展?》一书。作者朱迪斯·哈里斯用众多的证据证明,在孩童的成长过程中,父母的影响力其实很小,真正具有影响力的是孩童在家庭之外的同辈群体。换句话说,双亲并不能教导孩子社会化,儿童的人格塑成主要受到他们的小伙伴以及家庭以外经验的影响。

"我们以为自己可以让孩子成为我们理想中的人,这完全是一种错觉。"朱迪斯·哈里斯劝诫如我这般在教育上很"执着"的父母,"放弃吧!孩子不是一张空白的画布,父母可以在上面描绘自己的梦想。不要去理会专家们怎么说。爱你的孩子,因为孩子很可爱,不是因为你认为他们需要爱。享受养育孩子的过程,教给他们你所知道的一切。放轻松点,他们将来如何并不能反映出你对他们的照料,你既不能使他们变得更完美,也不能毁灭他们。他们是属于明天的。"

这一观点仔细分析似乎也不全对,但足以让我在育儿焦虑的重压下放松片刻。现在回顾哲哲的初中三年,我在陪伴他成长的过程中,发现走些弯路不完全是坏事,至少让我们发现了彼此不曾觉察的另一面。如果执迷于学业成绩,并以此来认可或否定自己,只会得不偿失。焦虑,本质上与恐惧一样,都是一种正常的启动自我保护的心理反应。所谓居安思危,有所惧有所虑是好事。但凡事讲究一个度,过度焦虑只会害人害己。

我劝诫自己,与其焦虑于哲哲不够优秀,不如在坚持自己事业的同时,尽可能多地俯下身来,和他一起面对困难,在逆境中寻找机会,获得有价值的成长体悟。

父母也要积极追寻自己的梦想

现实中,我看到有些父母为了孩子放弃了自己的梦想,用所有的时间与精力为孩子做好后勤。从长远来看,这种自我牺牲对孩子和父母自身的身心发展并没有好处。

哲哲上初中那会儿,成绩属于年级中下等,按照当时排名,实在看不到有上重点中学的希望。焦虑之下,我经常跟他发脾气,亲子关系变得很差,陷入了恶性循环。而我后来走出焦虑的办法,除了阅读相关书籍寻求答案之外,很重要的一点是树立自己新的人生目标。我一方面想在事业上更进一步,增加自己的成就感;另一方面想让哲哲看一看,爸爸不管何时都会为未来无悔打拼。

渐渐地,我发现哲哲的心静下来了,我不知道是我的态度转变使然，还是他心性逐渐成熟的自然结果，总之他心态好转，各方面渐入佳境。阅读推广人阿宝老师谈及中国家长普遍存在的教育焦虑时，戏谑地说了一句话——"都是没事儿闲的"。的确，如果父母有自己的事业，以挚友而非监军的身份与孩子相处，那么亲子关系自然不会太差。

反过来，当父母把全部希望都寄托在孩子身上，一副全家背水一战、谁都输不起的架势，重压之下有的孩子或许能成为名校生，有的孩子则难以承受期望之重，很难感受到生活的乐趣和学习的快乐，很难自我成才。而长期压抑的阴郁心态，迟早有一天会爆发，身边最亲近的人就成了发泄对象。

有人认为，父母所起的榜样作用，只在童年期有效，在青春期同伴效应更明显。我的感知是，青春期时父母仍会起到榜样作用。因为这时候的孩子会将自己的父母跟同学的父母进行对比，看自己的父母更为真切，看自己的问题也更加深入。哲哲初三时曾跟我说过一件事：他与同学聊天之后，发现同学身上的很多行为问题跟个人经历有关。原来这位同学从小到大都是跟妈妈生活，父亲对他几乎是不管不问，妈妈全职照顾他，让他感觉情感压力很大。讲完同学的事时，哲哲感慨地对我说："爸爸，我觉得你们对我一直很好，跟同学相比，我是幸福多了。"

父母的言传身教，包括学习态度、生活方式等，其实孩子都记在心里，于无声处影响着他们的成长。

激发孩子努力学习的"内在动力"

如果说孩子的成长需要合力，父母的榜样作用显然属于外力，内力则是孩子的学习动机。撬动孩子主动学习的杠杆是重中之重。

我有一个朋友，她的两个孩子都在读中学。老大是中国象棋迷，最大的梦想是成为中国象棋的世界冠军；老二喜欢玩电脑，一直希望发明一款像《愤怒的小鸟》那样的游戏。与很多家长只看重孩子学业不同，我的朋友尊重两个孩子的梦想，鼓励他们不断完善知识结构。学业虽然也重视，但补课和培养业余爱好只能二选一，由孩子自己决定。最终，两个孩子都坚持平时努力学，周末节假日做自己想做的事。而今，她家老大获得了省象棋冠军，并有机会代表中国队参加国际比赛；老二的计算机水平高出同龄人一大截，独自开发了一款小游戏，虽不算爆款，但也收获了不少用户。而且他俩的学习成绩也不差。

孩子的兴趣与学习，本质上是不矛盾的，追求兴趣会带来学习动力，催化孩子向上生长。作为父母，尤其是中学生父母，应该学会尊重孩子的想法，支持孩子的梦想，因为成绩终究不是人生的最终目标，学习是为了实现梦想而付出行动的过程。

几年前，我有机会采访日本一所中学的校长，问及最大的烦恼是什么。他告诉我很多学生因为社会福利好，即使不参加工作也能解决温饱问题，所以没有学习动力。当下我国不少家庭显然也有此类倾向，经济条件好的孩子衣食无忧，没有长远规划，学习上提不起劲，生活上也缺乏热情。

我们要格外关注孩子的梦想和学习动力，最好把教育重心放在激发孩子的内在动力上，尊重孩子的兴趣与爱好，尽量不要为了升学而遏制孩子发展爱好，多和他们敞开心扉聊一聊，激励他们追求梦想，并给予支持。孩子能看到光明的未来，自然有动力去努力学习。有目标的学习，才是真正意义上的弯道超车，才算真正走了学习的捷径。

育儿不必事事追求完美

过分的担心容易导致教育焦虑，过高的期待也是如此。反思我犯过的错误，其一就是对孩子期望过高。我眼中总是有一个理想孩子的样子，并期望哲哲朝着这个方向发展；一旦他与理想有差距，我就会感到焦虑。

在这方面，我走过不少弯路，可谓教训深刻，好在及时纠正，接纳了哲哲现在的样子，爱他的优点，也接纳他的缺点。以我现有的经验来看，如果说培育英才有什么法宝，让孩子终身幸福有什么秘诀，那应该就是不预设孩子的未来，保持稳定的情绪和淡定的心态。父母能做的，就是接纳、尊重、关心、相信孩子，孩子的未来则掌控在他自己手中。要知道，这个世界上没有完美的人，同样也没有完美的教育，苛求完美只会自讨苦吃。孩子有自己的想法，不会按照父母设计的路线走，父母只要静待花开就好。

也许有人说，孩子小时候学习不好，长大就会没出息。其实没有人能把握未来。都说金山银山不如好习惯，在孩子的性格养成和习惯培养上下力气，帮助孩子学会自我管理、自我接纳，让孩子勇于逐梦，才是当代家庭教育的硬道理。

哲哲小时候，我和他一起读书，帮助他养成阅读的习惯；他上中学后，多次翻阅《天才在左，疯子在右》等貌似稀奇古怪的书籍，学习之余涂涂画画，打发时间也是发展特长。他画的动漫人物很像那么回事，还在我的鼓励下创编了一个跌宕起伏的故事。

有时候，他也跟我交流自己的感悟，如"该发生的迟早会发生，一切都是必然""人的灵魂与肉体是不可分割的"，这些都是他长期阅读与观察所得，让我对他刮目相看。我不得不承认，他有自己的想法、目标，也知道自己现在在做什么，我不必为他的学业患得患失，也没必要为他的未来焦虑。尽管他将来也许不能成为许多人眼中的成功人士，但他努力追求自己的目标，这就足够了。

做父母的，要放下焦虑，把眼光放长远，和孩子一起向前走。目标也许不能完全实现，但苦中有乐的过程一定会被我们铭记于心。面对未来，我们唯有祝福孩子，祝他们为梦想而努力，有一个灿烂的前程。

亲子关系有多重要

> 我们该怎么看待"孩子"二字?
> 孩子,对父母到底意味着什么?
> 有了好的亲子关系,就会有好的家庭教育吗?

2018年8月,哲哲的弟弟出生。在医院,看着酣睡中的小生命,我情不自禁地说了一句:"欢迎你,我的宝贝。"

十多年前哲哲出生时,我高兴得不得了,抱着小家伙左看右看,就是看不够,满脑子想的是,"我终于当爸爸了,张家后继有人了,我的人生没什么遗憾了"。

不一样的台词背后,不是我对两个孩子的爱有轻有重,而是我的教育理念在发生变化,或者说对"孩子"这个概念有了认知上的发展。现在回头看,这种发展是我一直陪伴哲哲成长所获得的启示,也是与他各种"交锋"、不断"磨合"之后的收获。

当好父母不容易,给孩子好的教育不是简单的事。家庭教育不仅仅需要投入金钱，更主要的是投入时间和精力，与孩子共同成长。我们能教育和陪伴孩子的时间很短，真正的陪伴也就孩子成长之初的十多年，稍纵即逝。

如果说家庭教育存在一种理想状态，那一定是在理念上不断改变，采取与孩子成长紧密结合的弹性教育方式；如果说父母和家庭对孩子有什么根本性的影响，那就是榜样的力量。在一个爱读书、满是书香的家庭中，孩子读书不会少；在一个习惯早起、合理规划时间的家庭里，孩子的时间管理能力不会差；在一个满是欢笑的家庭里，孩子的性格也多半很阳光。即使孩子长大成人，他依然会受到父母价值观和生活态度的影响。

优秀的父母会在做好榜样之外，不断反思自我，不时重新认识"孩子"，动态定位亲子关系。

孩子是生命的礼物，不是父母的私产

和中国许多父母一样，刚当爸爸那会儿，我也习惯于把孩子当作自己的私有财产：看着孩子，眼神里满是爱意；看着别人，眼神里满是警惕。潜台词：除了我任何人都不能欺负他。我想把所有的好东西都留给孩子，当然也希望他将来能回报我的付出。

这种观念在哲哲进入初中后表现得尤为明显。上初中时，哲哲学习成绩并不理想，有一科经常不及格。更让我生气的是，哲哲却觉得没什么。我虽然是以商量的口吻劝他好好学习，但言语之中还是有命令的成分。当我非常生气时，我会爆出一句："我为你付出那么多，你怎么就不知道感恩呢？"

不出所料，这种方式不仅教育效果不好，反而让我俩的关系越来越紧张，一度到了相看两厌的地步。后来，在一位朋友的开导下，我慢慢意识到，孩子进入青春期后的学习波动其实是心理波动的投射，他的自主意识逐渐增强，有了渴望独立自主和更大空间的诉求，而我却依然沿袭小学阶段的相处方式，没有找到症结所在，犯了想当然的错误。

当我转变心态，向哲哲诚恳道歉，给予他更多尊重和支持之后，笑容重又回到了他的脸上，有了积极的学习状态，哲哲的学习成绩也逐渐提高。在这个过程中，我最大的感受是，如果将孩子视为上天赐予的礼物，就会非常珍惜，让礼物成为永恒的纪念；而把孩子当成私有财产，则会随心所欲地处置，或亲或爱，或打或骂，全凭心情。其间的差别，是后者眼中只有物没有人。

教育尤其是家庭教育，历来考验的是关系，有没有把孩子当作独立的个体，有没有尊重和珍惜孩子，家庭教育的结果真的大不相同。

孩子与父母是利益共同体

我转变与哲哲的相处方式，也与我对"孩子"一词的再认识有关。

哲哲初二时，由于我对他缺乏足够的耐心与信心，一度认为他是他，我是我，哲哲未来如何，应该让他自己负责。

但一件事让我改变了这种看法。一次，我采访一位老科学家，他工作时废寝忘食，兢兢业业，成就很大；退休后专门研究书法，著书立说，让人敬佩。当我问他孩子现状如何时，他告诉我孩子是他最大的心病，甚至用了"死不瞑目"这个词。

原来他和爱人多年来在工作上都忙得不可开交，长期与孩子分居两个城市。孩子上中学后，由于父母不在身边，渐渐养成了酗酒的恶习，结果造成不可逆的生理伤害。等到他俩把孩子送到医院救治时，为时已晚。老人说他和老伴对此都非常后悔："如果可以，我愿意用我所有的成就与事业来换孩子的健康。"

这话给我很大触动。以前，我总觉得孩子有自己的宿命，作为父母不必掌控也无法掌控，任由孩子自己发展就好。当孩子在某些方面表现不好，如学习成绩欠佳，我的教育方式起不到任何效果时，我就安慰自己，不必把自己与孩子绑在一起，我个人在事业上取得成功，人生就无憾了。至于孩子能否成才，是他自己的事，不能用他来衡量我，我也不必因孩子的不成才而伤心。

从这位老科学家身上，我意识到自己的想法并不对，很大程度上是一种逃避，为自己没有教育好孩子找借口。我和孩子固然是两个独立的个体，但无论何时，我们都难以把自己和孩子截然割裂开。本质上，父母与孩子是一荣俱荣，一损俱损，无法分割的共同体，应该相互成就，不能相互漠视或彼此伤害。

如果说一个人在成长过程中会遇到三个重要因素：一本书、一件事、一个人，那么这个关键人物很多时候正是孩子。能经常从孩子那里获得教育启示并及时反省的人，往往更能成为合格的父母。这个认知或改变的过程很难，坦率地说我也还在不断修炼的过程中。我也知道自己距离合格的父母还有一段距离。但只要理念正了，方向对了，即使我们都不是完美的，也终究会有好的亲子关系，享受难得的父子之情。

亲子关系决定家庭教育的基本面

到了初三,哲哲变得非常乐观向上,经常和我开玩笑,各方面发展得还算比较顺利。我也格外珍惜与他相处的每一天。

升入高中后,学校离家远了,我开始担任哲哲的专职司机,每天早晨六点起床,送他去上学,无论冬夏,皆是如此。一路上,如果他不想聊,我就保持安静。如果他问我什么问题,我就尽力回答。因为我意识到,三年之后他考上大学,有了自己的生活轨道,再像现在这样谈天说地就没那么容易了。而且,能让他走得更远、更坚实的,除了豁达的处事态度和对于生活的热爱,还有从我们这里获得的永远的支持与信赖。

例如,有一次,可能是历史课讲到苏联,他问我苏联都有什么有意思的地方。我从列宁讲到戈尔巴乔夫,又从高尔基讲到索尔仁尼琴,从"二战"讲到阿富汗战争……

我讲的过程中,他也会插话跟我讨论。到家后意犹未尽,我又上网查资料,第二天又和他继续聊,整个过程我很享受,依稀找到了哲哲小时候听我讲这讲那的感觉。从初三到高一,我和哲哲越来越像平等交流的朋友,我也眼见他有了自己的梦想,越来越明确将来要做什么,学业成绩步步上升。

透过哲哲的进步,我发现亲子关系往往决定着家庭教育的基本面。打个比方,亲子关系更像是冰山下面的那部分,孩子的情绪、学习、生活状态等则是浮于海面的冰山体。亲子关系越好,孩子外显的部分越有足够的支撑,也越容易收获成功与幸福。亲子关系好了,家庭才会更和谐;有爱的氛围在家里流动,生活才会生出美好,父母和孩子也才能享受每一天的快乐。

因此，真正意义上的父母，是能够拿出时间与精力，全身心陪伴、接纳孩子的人；真正意义上的孩子，是被尊重被善待被关爱，将家庭当作港湾，充分感受生活与生命意义，自我全面成长的人。作为父母，要和孩子一起面对日常的风风雨雨，还要拉近与孩子的心理距离，与孩子有各种深度互动，让孩子有自己的空间，同时也要让孩子纯粹地做他自己，放心去追梦。我也经常提醒自己，要一直以发展的眼光来看待孩子的成长，将教育重心放在自己情绪的管理上和亲子关系的经营上。

我想象着哲哲考上大学独自远行的那一天，我多半会对他说："大胆去实现你的理想吧，要是累了，就回家。"

父母育儿分工的讲究

> "男主外女主内"的育儿方式过时了吗?
>
> 人工智能时代,父母在育儿上还要不要分工?
>
> 如果分工,是粗放好还是精细好?是固化好还是弹性好?

我小时候常听老辈人说,教育孩子,"男主外女主内",这一说法现在还有市场。

一些爸爸自认为是一家之主,主要任务就是赚钱养家,妈妈虽然也有工作,但赚钱不是第一要务,教育孩子是最重要的。至于衡量父母成功与否的标准,对爸爸来说事业越成功、赚得越多,就越成功;对妈妈来说,孩子考得越好越成功,如果能考上清华北大等名校,那毫无疑问是相当成功的妈妈。

"男主外女主内"不符合现代育儿实况

"男主外女主内"的观念至今还被不少家庭奉为圭臬。

但平心而论，这种观念科学吗？还需要不打折扣地践行吗？从时代发展来看，这种观念越来越突显出弊病，对孩子的长远发展很不利。如报道中所说的，有的孩子自始至终活在妈妈的精心照料之下，身体素质不够强，要么"豆芽菜"，要么"小胖墩"；意志品质往往也不够坚韧，性格偏于内向、安静、孤僻。

之所以会出现如此现象，究其原因，其中很重要的一点就是妈妈带孩子而爸爸缺席教育。说到底，"男主外女主内"的传统式分工，是基于生存压力较大、谋生较为不易的社会背景而产生的，在20世纪七八十年代可能是真理。为了获得足够的生产资料或生活资源，家庭中必须有一个人拿出全部精力去奋斗，而这个重担自然大多落在身强力壮的爸爸身上，妈妈不得不负担起与孩子教育成长、吃喝拉撒有关的所有事务。

现如今，爸爸不必长期外出，此时却还将育儿责任完全交给妈妈，美其名曰不添乱，其实是逃避责任的行为，无助于孩子的全面成长。

当下多数家庭已经意识到爸爸应该积极参与到育儿实践中，高质量地陪伴孩子。这对孩子成长极为重要，有助于培养具有健康体魄、开放个性、勇敢气质的孩子。教育专家孙云晓等编写的《拯救男孩》一书中就讲到了这一点。

从我的经验看，父亲积极担当育儿主力，多帮妻子分担，这样的家庭往往更能培养出优秀的孩子；父母彼此尊重，相亲相爱，给予孩子良好的示范，让孩子感受到家的温暖，孩子将来大概率也会拥有幸福的家庭。

爸爸需要管孩子的哪些事

爸爸应该如何参与育儿，要在哪些方面下力气呢？

不同的家庭分工不同。在我的好朋友李一慢家里，他负责每天给两个孩子读故事，并在周末带孩子外出参观、游览、学习等；他的妻子胡老师则负责孩子的学习，包括接送孩子上下学，监督完成作业，带孩子上音乐、足球等课外班。这样既契合了两人的工作时间，也做到了合力育儿，值得许多家庭学习。

在我家，我主要负责哲哲的阅读，接送他上下学；我妻子则负责做饭和跟课内学习有关的事情。我知道有些家庭正好相反，妈妈负责阅读，爸爸主管学习。育儿分工虽因家庭而异，但总体上还是有着普适性。

我很认同李一慢"母血父精"这样的表述——母亲与孩子有着天然的血肉联系，身体的联结更多一些，会本能地关心孩子的吃喝拉撒、衣食住行，也能做得更好一些；而多数爸爸神经比较"大条"，生活管理没那么细致。许多人所调侃的"有一种冷叫你妈觉得你冷"，内在其实很符合妈妈的育儿原则，即妈妈对孩子的衣食住行更为敏感，更关注与孩子身体有关的事宜。

这一点在《爸爸带我看宇宙》《那只深蓝色的鸟是我爸爸》等经典绘本中可见一斑：父子出门前，母亲总是千叮咛万嘱咐，让父子俩注意保暖、带足食物、早点回家，而父亲则想着如何解决孩子内心的困惑，履行更多的是"父精"的职责，即引领孩子的精神成长。

鲁迅说过这样一句话："我现在心里以为然的道理，极其简单。便是依据生物界的现象，一要保存生命；二要延续这生命；三要发展这生命

（就是进化）。生物都这样做，父亲也就是这样做。"这一点和美国精神分析心理学家艾里希·弗洛姆的观点类似，他在《爱的艺术》中有这样的话："母亲是我们出生的地方，她是自然、土地和海洋……父亲是教育孩子并指引他步入世界之路的人。"

从中可以看出，"保存、延续和发展"尽管有时合而为一，不那么好区分，但也可以阐释为爸爸职责的三个境界。首先是保护孩子的安全，其次是照顾孩子健康长大，做到了前两点，再努力让孩子绽放生命，充分发展，完成对孩子的生命启蒙和价值引领，让孩子找到未来的方向，引导孩子为了梦想而努力奋斗。

对当下的爸爸而言，引领孩子的精神成长很重要，一定要付诸行动。在这方面，我实际上是后知后觉的。最后悔的是，哲哲上幼儿园的时候，我希望哲哲妈也能多参与育儿，如像我一样每天陪孩子玩，周末多带孩子出去看世界。但由于工作和性格原因，哲哲妈经常不能满足我的期待，产生了不少矛盾，我们经常为了一点儿小事而大吵大闹，搞得家庭氛围很不好。

后来，我和哲哲妈做了心平气和的沟通，商定合理分工，她负责哲哲的吃喝，我则负责哲哲的玩乐，多在小家伙的精神塑造上花力气。例如，我坚持每天给他读故事，周末去球场运动，节假日去外地游玩。渐渐地，我和哲哲妈的争执少了，家庭气氛变得融洽了，一家人脸上的笑容也多了。

父母双方谁都不能推卸育儿责任

鉴于每个家庭情况不同，爸爸或妈妈在另一半比较忙的时候，可以适当多做一些，前提是两个人沟通好，而不是完全取代对方，如妈妈大包大揽，把爸爸隔绝在育儿场之外；或者看爸爸做什么都不顺眼，当面批评。

只有从一开始就划分清楚育儿职责，父母才能相互配合，助力孩子更好成长，也才能营造良好的夫妻关系。对于父亲和母亲都可以做的事，如亲子阅读、作业辅导，可以视实际情况商量着来，最好的方式是不推卸责任，彼此都主动参与，相互鼓励，发挥各自的长处。

时代在发展，社会在变化，当下的家庭与外界的联系变得越来越紧密，父亲的育儿权重因此日益增加。随着孩子不断长大，父亲引领其精神成长和价值观塑造的担子也越来越重，这些都倒逼父亲要更多参与孩子的成长，多了解孩子的性格特点，在教育方法上有更多智慧。父亲花的心思越多，孩子的人格越完善，成长之路也就越顺畅。

我们总说孩子是父母生命的延续，其实除了外表，孩子的内在能否达到父母的期待，很大程度上取决于父亲的作用有多大，能否承担好精神引领的职责。我的观察结果是，父亲倘若能给予高质量的陪伴，孩子的精神世界就会更丰富多彩，心理更健康，与父母的联结更紧密。

说到联结，心理学研究表明，孩子有洁癖、咬指甲等问题，乃至出现人格、心理障碍，往往源自与父亲或母亲的联结不够。解决之道就是努力建立这种联结，回到生命最初的亲密依赖状态。与其后天花心思去弥补，不如从一开始父母就分工明确。尤其是父亲，从反思如何构建良好亲子关系开始，努力去做孩子的精神导师，孩子自然会朝着健康、快乐、优秀的方向成长。

父母的心态对孩子的影响比你想象的要大

> 孩子的学业与父母的心态有关吗?
>
> 温柔而坚定的父母,会对孩子有什么影响?
>
> 随着孩子不断长大,父母最该做的是什么?

自2003年进入报社以来,我做了18年的教育媒体人,一直关注着教育新闻。在众多新闻中,2020年8月《宁波晚报》一条"浙江男生高一常考倒数第一,高考却705分考入清华"的新闻,让我很有感触。

安慰和拥抱让孩子逆袭成学霸

新闻的主角叫赵启琛,刚进入宁海中学时,他的英语基础薄弱,其他学科也被拖了后腿。因为成绩差、压力大,他常常睡不着,住了一两个月宿舍后便申请走读,从宿舍搬了出来。

很多人，尤其是家有中学生的家长，很想知道没上过培训班、补习班，成绩班级倒数的赵启琛同学是如何实现逆袭的，背后的秘密到底是什么。实际上，他没有高人指点，也并非偶然获得了高考秘籍，有的只是来自母亲和老师的坚定支持。

新闻报道援引了赵启琛母亲的话："他考砸了，就找我发发牢骚。我就安慰他，给他拥抱。我也没别的办法，就这样一直宽慰一直宽慰，一天天就过去了。"正是母亲的鼓励，赵启琛的学习成绩一点点上来了——高一时，全班排40多名；高二时，挤到了30多名；高三时，可以排到十几名了，有时也能考到前几名。赵启琛逐渐掌握了自己的节奏，更重要的是，他的内心也悄然发生了转变。2020年1月，高考模拟，赵启琛英语考了136分。他心中的一块石头终于落下。"那次主攻英语，最难的科目攻克下来了。这下时间也有了，信心也有了！"

数学老师赖庆龙也夸他："觉醒过来后，他很有目标，有主动性，知道自己想要的。他经常来问我要一些适合他的作业来做。"最终高考成绩出来了：语文122，数学147，英语136，物理100，化学100，技术100，总成绩705分。当赵启琛成绩出来的那一刻，全校惊了。赖老师惊呼："真是杀出一匹黑马！一开始名不见经传的，但看着他一步步稳扎稳打上来，就觉得这个孩子会出彩。不过没想到会这么出彩！"

孩子全力以赴，父母保驾护航

几年前的哲哲和赵启琛可谓非常相似。对于后者的成功，很多网友或许徒有艳羡，其实他的心路历程才是值得细细琢磨的地方。就像有媒体评论员指出:"学无定法,每个人的成长都有自己的独特途径,赵启琛的逆袭无法简单复制,但其所揭示的学习之道是相通的。从根本上讲,学习拼的就是心态,拥有良好的心态胜过任何补习班。摆正心态,永不言弃,每一朵花都有绽放的时刻。"

说到底,这种精神的力量才是赵启琛成功的秘诀。这不只在学业方面屡试不爽,在求职就业上同样适用。

强大的精神力量,为梦想全力以赴的行动,这些很大程度上都是家庭教育所赋予的,抑或是父母言传身教的结果。谈及自己的逆袭经验,赵启琛认为,主要是把当下的事情做好。在高考复习时,要注意规划时间,把高考这个大目标分成几个小专题。最重要的是一种坚持的信念。无论何时,无论成绩优异还是倒数第一名,都不放松懈怠,既不自暴自弃,也不骄傲自满。从高一到高三,没有任何时间可以松懈浪费。而刻苦努力从何时开始都不算晚,都有它的价值。

而且,努力学习并不意味着就要放弃兴趣爱好。据了解,赵启琛很喜欢看科幻小说,收集了许多大师的作品。高三时间紧张,他基本上只看《三体》,一本书来来回回翻了很多遍。"每次只看一点点,然后把其他情节串联起来,回味一下。"

同样的例子还有曾经冲上热搜的"华为天才少年"——华中科技大学计算机专业博士生张霁以"天才少年"最高一档的年薪201万入职华为,引来无数网友羡慕。据媒体报道,这位"天才"并非我们传统意义上的天才,高中时期他的成绩并不好,经过复读之后才勉强考入一所三本院校。他的逆袭跟父母从小对他的教育有很大关系。从张霁懂事开始,父母就非常尊重他的选择,"无论什么事,做还是不做,爸爸妈妈都不会给我做决定"。在张霁做出选择前，父母还会帮助他分析这个决策好在哪里，有哪些不利影响。正是在父母的影响之下，张霁逐渐形成了独立思考的能力，成为一个有主见的人，在研究生毕业之后选择读博。

父母对孩子的影响看似无形，且随着孩子年龄的增长好像变得越来越微弱，但实际上那种影响一直都在，特别是在孩子做重大人生选择的时候，父母的声音往往会从孩子的心底传递出来，让孩子坚定信心，做出正确选择。因此父母要提升自己的学习能力，最大限度发挥榜样作用，对孩子多些积极影响，助推孩子达到理想的人生高度。

父母要有强大的学习力

知名媒体人、阳光媒体集团董事长杨澜也说，今天的学习已经成为一个非常灵活的、自适应的过程，"没有什么比一个爱学习的母亲能够给孩子树立更好的榜样，比千言万语、苦口婆心说教都要管用得多"。

的确，当下的社会竞争看似拼的是家庭的人力物力，其实更多拼的是父母的学习力，尤其是学习情绪管理的能力。有的父母在校外租房陪读，或投入大量资金找名师给孩子补课，结果并不理想，原因之一就是父母没有认识到榜样的力量，没有从孩子的内心动力入手，唤起孩子的自主学习力。

学业优秀的孩子很少是补出来、逼出来的，而是找到目标和方向之后奋斗出来的，是父母与孩子共同成长的结果。父母有豁达的心胸，情绪管理能力和学习能力强，始终保持温柔的心态，是对孩子最大的支持。

父母要在发展自身事业的同时，在孩子不同的成长阶段，与孩子有效沟通，帮助孩子减压，得到孩子的信任。所谓学习能力强，是指父母首先要学会尊重孩子，把孩子看作发展中的个体，像前面报道中的父母一样，与孩子平等对话，将之作为独立个体真诚以待。其次要学习情感的沟通技巧，增进亲子之间的联结，所说的话要让孩子听进去、有效果。最后是要了解孩子的学习与心理特点，"踩在点上"帮助孩子，让孩子在小学阶段养成好习惯，在中学阶段顺利度过青春期；拥有向上生长的力量，战胜包括学业、交友在内的任何难题。

从赵启琛的事例中，我对镜自照得出的另一结论是，为人父母，要适应新形势，为孩子解决新问题。现在反思哲哲初中时成绩不理想，除了他不适应中学阶段的学习方式之外，可能也跟我不认真了解情况、急于批评有关。小学和中学毕竟是两种学习套路，没有上过任何课外辅导班的哲哲肯定在学业上很吃力，而他又是很要强的孩子。

记得有好几次哲哲作业很多，很努力也写不完，夜里 12 点多，他看着还有很多没完成的卷子，又累又急，控制不住，失声痛哭。而我只是眼睁睁地看着，报以无力的同情，给他的关心和安慰都很苍白。如果我能帮助他一起解决学业问题，多鼓励支持他，而不是苛责他没养成好习惯，哲哲想必会更快地从糟糕的学习状态中走出来。

形成鲜明对照的是我的一个朋友，他的孩子初中时学习成绩也不好，他是计算机专业出身，发现问题后，他从孩子的卷子入手，深入分析，给孩子指出哪里有问题，一点点从基础抓起，投入了大量时间。在他的帮助下，孩子一点点进步，也从进步中找到了自信，成绩慢慢越来越好，中考时以非常高的分数考入了沈阳二中，高考时考入了北京一所大学。

  好在未来还长，希望更多的父母，尤其是家有中学生的父母，如我一样亡羊补牢，保持好的心态，在学业上和心态上给予孩子支持。我们的情感、态度是孩子精神的蓄水池，孩子从中能慢慢汲取到成长的动力。我们心态好了，孩子多半错不了。

瞬息万变的信息时代，我们如何做父母

> 原生家庭只有负面影响吗？
>
> 好父母都有哪些共同的特征？
>
> 进入互联网时代，如何成为一个好父母？

父母借钱给我的启示

生活在老家的父母有个习惯，有人来借钱时一般不会拒绝。一开始我以为是乡邻之间感情好，相互帮忙理所应当。后来我慢慢发现，其实是他们可以从中赚取利息，尝到甜头后，借贷甚至成为他们财富积累的途径之一。有了几笔烂账之后，我劝他们绝不要再往外借钱，他们口头答应得很好，但"恶习"总是难改。

从父母身上，我发现一个人真的很难走出自己的行为模式，有时候尽管意识到有问题，但却难以改变。多年的甜头让我父母认为借贷能获得好处，即使有风险，也不会凑巧降临到自己头上。即使有的钱要不回来,也是因为某个人赖账,错不在借贷本身。行为的背后是认知的固化,生活习惯使然,为人父母的教育行为也是这样。我们坚守自以为最好、最科学的育儿方式,一旦在现实中行不通或孩子不买账,往往会认为自己没有问题,错的是孩子——他们执行不到位,或没有转过观念的弯儿。

在这方面,我有过深刻的教训。哲哲上中学后,学业压力增大,每天作业非常多,屋子里总是乱糟糟的。我看不过眼,多次批评他。有时候,因为怕我生气,他隔几天会收拾一次;但一不提醒,屋子就又回到老样子。我的理由是,房间干净整洁,好的环境更利于专心学习;他则认为,房间是自己的一亩三分地,别人无权管,怎么舒服怎么来。

整个初一下学期,我经常因为他不收拾房间、不按时喂宠物、不主动练习架子鼓等琐事发火,渐渐彼此看不上,都很心累。

经过和妻子、朋友的深入沟通以及长时间的反思,我慢慢意识到,亲子关系出现问题,主要原因不是孩子进入了叛逆期,而是自己依然用老眼光看待他的成长,依然用小学阶段的教育方法来对待已然长大的哲哲。我内心深处藏着对哲哲不再像以往那样顺从我的不安和父亲权威被撼动的反感。后来我俩言归于好,彼此真正接纳,重建亲子之间的联结,是因为我的认知发生了改变——尊重一个有自己想法和独立诉求的哲哲,把他真正当成一个有自主意识的人,给他更多的自由空间。我应该做的,不是把一位年已不惑的父亲的生活经验、生活方式和价值观强加于哲哲,而是在他需要我的时候去帮助他,给他更多的关心和爱。

从那之后,我尝试尊重他的生活方式,接纳他的优点与缺点,相信现在的哲哲能处理好学业与生活的关系,朝着理想的方向发展。

无为而治：另类却有效的教育方式

与哲哲重新磨合了一年多，我认识到孩子的成长有阶段性，父母的教育也应有阶段性。孩子的成长是一个不断蜕变的过程，倒逼父母的教育方式不断升级。

大致来看，每六年可谓一个孩子成长的分水岭：学前六年，是孩子与家人建立依恋关系的关键期，父母只要陪孩子一起玩、一起阅读、一起看世界，享受天伦之乐、创造健康生活环境就好；小学六年，是孩子心性发展、学习习惯养成的关键期，父母在陪伴孩子的同时，要注意培养其良好的行为习惯和待人接物能力，并发展自己的兴趣与特长；到了中学阶段，孩子进入青春期，处于学习力、自制力、情绪管理和价值观养成的关键期，父母要拿出极大的诚意接纳变化中的孩子，给孩子爱与信任，帮助他们找到学习的动力，有意识地和他们一起面对逆境，一起有效解决成长难题。

不管处于哪一阶段，孩子都离不开父母的帮助，因而需要父母在教育观上不断改变，及时检视自己的教育方式，拿出勇气纠正自以为对，实则违背家庭教育规律的行为。

就像我以前看到哲哲的房间不整洁，都是一边数落埋怨，一边又忍不住去收拾。现在我不再越俎代庖，只是偶尔开玩笑般来一句"你的房间都变成猪窝了，这样你还能忍受"的反问，但不会强迫他收拾。

1919年，鲁迅先生曾在《我们现在怎样做父亲》一文中说："觉醒的父母，完全应该是义务的，利他的，牺牲的，很不易做；而在中国尤不易做。中国觉醒的人，为想随顺长者解放幼者，便须一面清结旧账，一面开辟新路。"的确，没有人天生会当父母，好父母是一点点学出来的，是因循孩子的个性，随着不同的成长节点，不断改变对孩子、对自我的认识，在融洽的亲子关系和孩子的教育需求上找到着力点。高明的教育方式能够既彰显父母的智慧，又让孩子心悦诚服地接受。

这种高明，有点像道家的无为而治、无用之用。综观那些名家后代，能够出人头地的，往往出自教育环境宽松，既有规矩又有自由的家庭。例如，老舍对子女的要求很低，概括起来就是三原则——第一粗通文字，第二不欺负人也不被人欺负，第三有一技之长可以谋生。他的儿子舒乙后来成为中国现代文学馆的馆长，主要做一些文学研究和评论工作，退休后开始画画，所画的国画非常有个性，经常提供给公益活动，是个有丰富色彩的人。

而傅雷则是一个反例。作为家庭教育中严父的典型，傅雷对傅聪的教育过于严苛，要求甚高甚多，让傅聪差一点走向反面，值得我们反思。

教育专家杨东平谈及家庭教育，说过这样一句话："孩子都是一颗没发芽的种子，最后长成什么，不完全是家长的意志决定的。每个儿童都是独特的个体，善待儿童的最好做法是顺应自然，家长的智慧应该在这里。"对于孩子，父母不妨把高期待藏在心底，以最大的宽容与信任鼓励孩子成长，如此孩子反而能发挥所长，真正活出自己的风采。

2018年8月，我家有了新成员，对我来说又是一个新的开始。尽管有压力，但这也是一次新的自我成就。父母的成长总是会面临各种挑战，我们应该坦然面对困难，变挑战为机遇，变被动为主动，以开放的心态和孩子一起成长，给孩子合适的教育，托起孩子的未来。

让孩子做自己,到底应该怎样做

> 孩子成长中最重要的是什么?
> 怎样才能让孩子做自己?
> 怎么帮助孩子找到成长的动力,为了未来奋力拼搏?

给孩子选准"赛道"

我一直认同教育圈常说的一句话,一个鸡蛋,从内部破壳会诞生一只小鸡,从外部破壳只会成为食物。意思是,生命的成长需要内在的动力,外力强加可能一时有效,但不是根本之计。

如果说家庭教育有几个关键目标,给予孩子成长的动力便是其中之一。我以前定义家庭教育成功与否的标准,主要看孩子是否有安全感、成就感与幸福感。前两者不必细说,关于幸福感的衡量指标,一为孩子是否悦纳自己,二为孩子是否格外期待第二天的到来。

幸福源于亲子关系、同伴关系、师生关系等孩子与自我、与外界的关系网中。每个父母都希望孩子幸福,但获得幸福的前提是选择一条适合自己的赛道——兴趣加上天赋。

所以,父母要帮助孩子确认他们到底喜欢什么、擅长什么,将两者结合在一起,让孩子有从内部破壳的动力。在发挥所长的过程中,孩子往往会找到自己超然卓越的地方,并让他们在成就自我的道路上行动起来,愉悦地开启自己的职业生涯之路。

读《小贝流浪记》学独立

每个孩子从小都受到父母的庇佑,在他们的保护下快乐长大。

但是迟早有一天,孩子要远走高飞。离开父母之后,应该怎样做,是所有孩子都会遇到且必须解决的问题,是一门成长的必修课。

有的孩子离开父母后六神无主,有的孩子越来越自信从容。如何独自应对外界的重重困难?如何做选择?儿童文学作家孙幼军曾写过一个童话《小贝流浪记》,其中就做了很好的回答,不但对孩子有教诲,对父母也有启发,能帮助孩子更好完成从"自然我"向"社会我"的身份转变,帮助父母理解孩子面对陌生环境时的紧张心理,以完成家庭教育心理层面的建构。

《小贝流浪记》是一个寓言故事:猫妈妈在一个仓库里生了两只小猫咪,她给两只小猫分别取名"小宝"和"小贝"。两个孩子生下来一黑一白、一大一小、一强一弱,但都得到了猫妈妈无限的爱。一天,一个男孩偶然看见了孤身在仓库里的小贝,便将它抱走了当宠物养。第二天,男孩的妹妹跟姥姥一起回乡下,男孩把小贝装在鞋盒里,用细绳扎好，送给小妹妹当礼物。不料，途中被司机发现，司机把小贝扔到车外，它流落荒野，不得不靠自己的力量开始了漫长的回家之路。与此同时，小宝在妈妈的保护下衣食无忧，却也没有太大长进。

直面风雨，战胜恐惧，才能让自己在身体和心灵上成为强者。相反，在成长过程中被照顾得越周到，就越难以自立，离父母理想中的样子越远。家长应该在关键时刻给孩子合理的引导和适时的帮助，让孩子像小贝一样，在保证安全的前提下尽可能独立，虽然独立的过程中难免磕磕碰碰，却能让一颗幼小的心灵慢慢强大起来。

孩子遇到的挫折与失败，乃至犯错，很多时候不是坏事，而是一种成长历练和自我教育。没有人天生就有独立自主的能力，成长没有任何捷径，唯有不畏缩，才有望在挫折中走向成熟，如凤凰般浴火重生。

一旦孩子知道自己是谁，能做什么，想要什么，并对自己的行为有了掌控能力，心中有了责任和梦想，就说明孩子走上了正确的人生道路，教育就是成功的。这样的孩子会像重新回到城市的小贝一样无所畏惧，从容应对前方所有的挑战。

但愿每个孩子都能顺利找到自己的使命，热爱自己的选择，发现自己"可以伟大"之处，并朝着这个目标坚定前行。

教育孩子，能以不变应万变吗

> 今天的孩子与父辈差异大吗？
> 如何看待当下孩子的与众不同？
> 以我们接受的家庭教育来教育当下的孩子可行吗？

回看与哲哲相处的十几年，我仿佛历经了人生的四季，目睹了不同的教育风景。

幼儿时期，他与我亲密无间，我与他的相处更像是一种情感的释放，对童心的近距离观察，一度让我十分享受；小学阶段，我陪他一起读故事，养成习惯，可谓对一棵幼苗的精心培育，让我很有成就感；中学阶段，他在我的眼里越来越高大，我与他保持着一定距离，当初的亲密似乎不再，变成了朋友一般……

从温暖如春到炎热如夏，再到凉爽如秋，将来也许还会经历凛冬之寒，但我已做好了心理准备，我知道那也许才是成熟之后家人之间真实的状态。

有代沟是一定的

哲哲上初中时,喜欢看动漫,对流行的不流行的都比较了解,而且有自己的判断。

有时候,和他聊天时突然聊到某部动漫,聊不了几句,他就会停下来说:"算了,不说这个了,说了你也不懂,咱俩有代沟。"

一开始,这句话让我产生了挫败感,我就去找他说的动漫看,然后再和他聊其中的人物、剧情,引得他滔滔不绝。听他讲得头头是道,我有了继续研究的冲动,可毕竟没有那么多时间,只能被迫接受还是有部分代沟的事实。

一旦接受,另一个问题又浮上来:当今的孩子到底是怎么回事,为什么与我们这一代差异如此之大?为什么我们认为天经地义的教育方式在他们身上不管用?我们千辛万苦总结出的教育经验,他们怎么不信服?是代沟问题还是时代问题?

我为这个问题困惑了很久,后来从一篇文章中找到了一点答案,也慢慢开始意识到,要抛开自己所有的经验,以全新的眼光看待今天的孩子。

吃饱肚子后的精神危机

这篇文章是华东师范大学心理咨询中心特聘高级咨询师陈默写的,题为《当今城市孩子的七大心理特征》,她鲜明指出,从1993年以后孩子们就开始不一样了。

为什么这么说呢？理由是1993年中国取缔了粮票，这件事情年纪大的是不是还记得？在中国这样一个国家里面，取缔了粮票意味着什么？我们吃饭不愁了。当一个民族吃饭不愁，尤其是到我们这样的民族吃饭不愁的时候，我们会愁什么呢？我们的需要开始变得不一样了，人对人的需要不一样了，家长对孩子的需要不一样了，社会对人的需要不一样，人对社会的需要不一样了。

我们来看1993年以后的人的基本特征，第一，他们都是独套公寓里的独子。独套公寓里的独子有什么样的人生感受呢？你可以去试试，到春天的时候，买一只刚刚生出来的小鸡，养着它，给它好吃好喝，你看看是不是两个礼拜以后小鸡就死掉了，因为小鸡也会孤独。

现在的孩子带着天生的孤独感来到这个世界。那么孤独会有哪些麻烦？一是人一孤独，无端伤感，莫名其妙流眼泪；二是人一孤独，思考力就变得非常强，所以麻烦就来了，既不思考吃，又不思考穿，他就过早地思考了一个终极问题——最高哲学问题——"我存在有什么意义？"

我们现在的孩子，连四岁的孩子就会在那里发呆了，你不知道他小脑袋里想什么。一旦人有这种问题，痛苦就伴随着他了。

……

我比较认同这种观点。我小时候是有饥饿的记忆的，有过吃不饱甚至没得吃的经历，这使我们形成了一种思维定式——不成功就无法生存。而"00后"一代没有如此经历，自然就不会有父辈骨子里的危机感。不过，虽然他们生活在一个物质非常充裕的社会，但也会有"幸福的烦恼"——他们不理解我们这一代无论做什么事都会全力以赴。

所以，当下做好家庭教育的一个前提，是我们要知道自己的子女是什么样的人，他们有怎样的时代特点和心理特征。他们没有饥饿经历，但有孤独的体验；他们衣食无忧，但背负着沉重的情感负担；他们享受着互联网的便利，但缺少了与大自然的深度接触；他们有自己的主见，但父母给予的成长空间却有限。

孩子承受着"无力回报"的情感压力

很多时候，我们只看到当下孩子衣食无忧的一面，却没有看到他们内心经常感到孤独的一面。

我也是独生子，所以我很能理解这种孤独。小时候我的父母很忙，一直在田间劳作，很难投入过多的精力在我身上。但我的孤独没有困扰我，因为我的关注点被缺衣少食的现实生活转移了，每天想的不是怎么应对孤独，而是怎样吃上一顿大餐，所以孤独感就没有那么强。

然而，现在的孩子不是这样，2015年全面二孩政策未实施之前，独生子居多，他们不仅要承受身为独生子而产生的孤独感，还要承受来自家庭的高期待。哲哲这一代，他们一来到这个世界，就有祖辈、父辈六个人围着他。这六个人会把最好的给他，但他也背负着很高的期待，尤其是很多家庭的期待都指向学习成绩。但第一名只有一个，因此绝大多数孩子感觉压力很大，内心难免陷入"无力回报"的痛苦。

孩子只有卸下心理负担，才能轻装前行。现在的孩子背负着空前的学业压力，但这只是显性的，而隐性的东西则是孩子们整天跟焦虑高危人群在一起，这些人是孩子的父母和老师。从这种角度看，我们一定要先了解孩子内心的痛苦，再缓解自己的焦虑，降低对孩子不合理的期待，最后和孩子一起解决问题。

找到心结，对症下药

每个家庭都渴望自己的孩子是成功者，我家也是如此。但我知道，再用我的父母教育我的方式来教育孩子肯定是不行的，因为哲哲这一代本身就与我们不同。除了社会大环境、成长感受与经历不同外，他接触的图书、影视作品以及同伴等，都与我们有着天壤之别。

作为父母，要看到时代和环境的变化，坚守教育的内在规律，以不变应万变。这个"不变"，是指注重孩子的幸福，着眼他的整个人生来支持他的成长。我知道哲哲这一代孩子有自己的想法，有自己的学习和生活方式，因此更要以发展的眼光来看待他们，不要急于否定。

不计较眼下一城一池的得失，和他一起追求梦想，也许才能真正成就一个优秀的孩子。而且，哲哲这一代孩子不缺少教育资源，缺少的是奋斗的理由。我始终相信，只要他们找到了自己存在的价值，认准了前进的方向，就一定能成功。

学习本身并不是多么艰苦的事，他们这一代都很聪明，从小就接受了很多新鲜的东西，思维已经被打开，只要得到足够的肯定，学习成绩就不会太差；只要有梦想，把能量用在积极的事情上，总能有一番作为。他们当下困惑的不是能不能考上好大学，而是付出的努力是否有意义，是不是自己真正想要的；他们忧虑的不是未来的谋生，而是能不能过上自己想要的生活。

因此，找准他们的心结，对症下药，也许会更利于他们的发展。

哲哲上高一的时候,我和他讨论了未来。

初一时我们曾聊过这个话题,他没什么兴趣,回答我说想不到那么远。现在他反而纠正我:爸爸,我不是一个小孩了,我知道自己将来想做什么。还很详细地告诉我,他将来想从事动画设计行业,目标是中国传媒大学动画学院。高一和高二的假期,还让妈妈报了培训班,想通过联考和校考,把文化课成绩搞上去。等到上了大学,他希望去国外一些动漫工作室实习,未来成为专业的原画师。

不管他能否成功,他自信满满的样子让我放下心来。我所能做的就是帮他找一些教育资源和信息,让他成功实现梦想。

孩子在变,我们也要改变教育重心,从教育的引路人到成长的陪伴者,一路上风景各异,都很耐看。

幼年期的陪伴

幼年期是一个很关键的阶段，所谓三岁看大，就是指幼年期的人格奠定。

父母要做的，就是在孩子的幼年期埋下一颗种子，让正确的做事方式根植于孩子的内心，帮他建立起最初的关系认知模式。从幼儿与自我的关系，到与父母的依赖关系，与朋友的亲密关系，再到与社会环境的关系，如同一个同心圆，构建起从家庭到社会的网络。

孩子进入幼年期，似乎一切都是快乐的：没有学业上的压力，在幼儿园无忧无虑地快乐长大。我们正值年富力强，事业上升的时期，精力和体力都非常旺盛，可以大吃大喝，也熬得起夜，老人也尚不需要照顾。但作为孩子人格养成的关键期，幼年期起着奠基的作用，所以父母一定要认真对待。

家庭教育会产生终身的效力，不光要对幼儿进行教育引导，还要陪伴他，给予他安全感，这个安全感是自我认同、幸福感和成就感等深层情感的源头。

懂得陪伴的价值并身体力行地陪伴幼儿，注定是我们的必修课。

和孩子一起"不正经"

> 孩子一定要规规矩矩吗?
>
> 在孩子面前,父母必须总是正襟危坐吗?
>
> 父母跟孩子一起"不正经",有什么坏处吗?

都说三至四岁是儿童的语言敏感期,在哲哲身上我明显感受到了这一点。

那时他喜欢问"这是什么,那是什么""不客气是什么意思",也喜欢把"屎尿屁"挂在嘴边,还喜欢作歪诗、恶搞,常常是一边笑嘻嘻地看着我,一边摇头晃脑,颇有喜感。他上幼儿园大班时,从同学那里学了一首诗,到家就背个没完:"李白来到烤鸭店,个个美味挂炉前。口水流下三千尺,一掏兜里没有钱。"

恶搞的习惯一直持续到上了小学。放学接他的时候,他会跟我分享他的新发现。一次他说的段子把我逗笑了:"爸爸,你知道吗,有个人叫五花大，非常厉害，比那个打老虎的武松还厉害。""这个我还真不知道，哪里写的？""《水浒传》里啊，你没看到书中有一句话说，武松被五花大绑了起来，五花大能绑起武松，还不够厉害吗？"

"捡牛粪的大灰狼"

看小家伙的恶搞蛮有趣，我也喜欢跟他一起吟些歪诗或窜改歌词，如《采蘑菇的小姑娘》被我们改成了《捡牛粪的大灰狼》：捡牛粪的大灰狼，背着一个大粪筐。清早光着臭脚丫，臭遍那大街和楼房。他捡的牛粪最多，多得像那蚂蚁数不清。他捡的牛粪最大，大得粪筐装不下……

之所以愿意沉浸在哲哲的"恶搞世界"，和他一起疯狂，是因为我发现板着面孔和他交往，或者守着所谓的家长尊严，只会变得很没趣，与小家伙越来越疏远，渐渐地没了共同话题，连个玩伴都做不成。若想得到小家伙的喜爱，了解他心里的小秘密，进而得到认同与接纳，就不能把自己当大人，而要变身为儿童，放下身段，与他一起无厘头、不正经。一旦在游戏中和他成为伙伴，得到他的认可，自然就能建立起良好的亲子关系，再引导他做这做那，或养成好习惯，便水到渠成了。

受原生家庭的影响，我原本是一个很古板、很严肃、很固执的人，不会即兴跳舞、插科打诨，坚守着饭桌上不讲话、人前不唱歌、沉默才是金的家规。实际上，一开始哲哲让我给他读故事时，我是百般不情愿的，总是逐字逐句、不带感情色彩地应付。但是，在哲哲"爸爸，小熊不是这样说话的""波力说话没这么难听""爸爸，你能不能再把巴巴祖的话读一遍"之类言语的开导下，我慢慢放开手脚，进入角色，体验到了童书的独特魅力，尝到了亲子共读的甜头，也越来越享受给他读故事。

在和他有一搭没一搭的对话过程中，我发现自己竟然也能把故事读得绘声绘色，甚至有当播音员或相声演员的潜质。

父母千万别"装"

我知道，一些70后、80后的父母和当初的我一样，内心守着家长尊严，在孩子面前不苟言笑。在现代亲子关系中，这些传统的教育观正在发生改变，亲子之间更强调平等与尊重，更提倡成为伙伴或朋友。在孩子面前，父母其实是藏不住的，孩子对你那些违心的托词心知肚明，因此父母与其在孩子面前一本正经，不如向孩子展示最真实的自己。假以时日，你就会发现自己的幸福指数越来越高，家庭氛围变得更加有爱，孩子的想象力在增强，心胸和格局也在慢慢变大。

家庭是私密的空间，没有外人围观，父母和孩子一起游戏时，不必顾虑自己的面子，毕竟孩子喜欢的是那个全身心投入到育儿事业中的父母，而不是戴着一副面具的陌生人。如果说良好的家庭教育是孔子所谓的因材施教，那么父母放下身段，和孩子一起流露天性，则是他们给孩子最好的教育，也是一种难得的自我成长。

我至今很喜欢哲哲爱搞怪的一面，还记得他独创的那首让人忍俊不禁的诗。那是某年夏天的一个晚上，他在蚊帐里作的——"爸爸，给你念一首我自己原创的诗，你听啊：春天不洗脚，处处蚊子咬。夜来大狗熊，看你往哪跑。"哈哈大笑之余，我分明看到了一颗乐观、具有创造力的童心。我甚至也跃跃欲试，想吟一首更有笑点的打油诗。

和孩子玩出"发小"感

亲子之间是一种共生的关系，也是一种相互成就的关系。

现在的孩子往往不再缺衣少食，也不缺少知识渊博的老师，而是缺少能玩到一起的伴儿。这个玩伴其实不在体形大小、身高多少，全在有没有童心，会不会玩，爱不爱玩，能不能默契地进入游戏情境中，全身心投入游戏。能玩到一起，就能多一分信任；每天都一起玩，信赖就会与日俱增；整个幼年期经常玩得得意忘形，便有了发小般的亲密友谊，沉淀下对生活、对人生乃至对整个世界的好感。

随着时日的推移，我愈发感到，孩子在父母的羽翼下成长，每天得到真正的陪伴，外表、神情、气质会越来越舒展，性格也会越来越阳光；而父母陪伴孩子越多，就会越来越像小孩，保有一份难得的天真与单纯，并逐渐明白"不正经"背后的另一面——放下人生大计、压力重负，让内心深处的童心得到释放，重新回到童年。

童年短暂，成长很快，在孩子还腻我们时，一起"不正经"，全身心享受那种肆意而纯粹的快乐吧。

上好幼年期的德育第一课

为什么一定要让孩子从小懂礼貌?

父母该如何为孩子上好德育课?

少时立德,对孩子的未来有哪些好处?

2019年8月,一个男孩大骂书店店员的视频在网上热传,引发社会热议。

事情发生在北京一家书店:男孩在书店里大声朗读外语,女店员上前提醒,却被指着鼻子骂道,"信不信我抽你"。疑似男孩母亲的女士全程保持"淡定",不仅没有道歉,还说"他还只是个孩子"。不少网友对此发表了"这孩子要是还这样惯着,以后有人会教育""过度的宠爱就是溺爱,虽曰爱之,实则害之"等评论。

别当"熊家长"

男孩的行为固然引人不快,但激起网友愤怒的,恐怕是疑似男孩母亲的女士的行为:在孩子行为不妥且对他人不够尊重的情况下,她没有及时制止并加以教育引导,有姑息纵容之嫌,会在孩子心里埋下怎样的种子可想而知。

而现实中,这样的事情不在少数:有的孩子用水枪到处喷别人;有的孩子在电影院大喊大叫,甚至朝着屏幕乱踢。而孩子的父母以为孩子还小不懂事,长大后自然就好了,"毕竟还是个孩子"。还有些家长属于无教育意识,预见不到孩子行为可能引发的后果,自然谈不上及时制止。

不管是哪一种,都是不可取的,毕竟缺失的德育不可能等到孩子长大成人后再去弥补,良好品行需要从小培养,在生活点滴中学习。幼年时就在孩子心中埋下谦恭礼让、遵纪守法的种子,孩子便不太会做出各种违反公序良俗的不文明行为。

记得哲哲小时候比较顽皮,喜欢在屋子里跑来跑去,起初我家住一楼,也就任小家伙折腾。后来换房子住到了高层,哲哲依然好动,一开始我也没当回事,直到楼下的邻居上来反映,跟我深入沟通了一下这事,我才意识到哲哲做得不对,我自己也做得不好。从那以后,哲哲再在房间里跑跳,我就会过去引导他换位思考,你不喜欢别人弄出大动静,别人自然也不愿忍受你制造的噪音。打扰别人休息不礼貌,是不对的。

哲哲慢慢认识到了自己的问题,再没有那么肆无忌惮地弄出大声响了。后来,家里有了新成员,他有时也会提醒顽皮的弟弟动作轻一点。

家庭是孩子最初的德育课堂

有些父母在孩子习惯养成,尤其是遵守规矩、不给他人添麻烦方面,做得不够好,没有为孩子扣好人生的第一粒扣子。网上曾爆出一则让人蹙眉的新闻,长春一女子在美食城就餐时,让尿急的孩子尿在碗里,事后还拍照发朋友圈进行有奖竞猜,问大家碗里的液体是什么,并表示前三位答对者有 5.21 元的红包。

父母自身在道德品质上不过关,就无法及时对孩子进行教育,更谈不上做出良好示范,也很难培养出有爱心、有公德心、有规则意识和敬畏心的孩子。无数事实也表明,父母对自己的行为不自察,对孩子的品德不担责,到头来都是在害孩子,孩子迟早会在社会中吃苦头。

没有人生来即圣贤,孩子犯错并不可怕,可怕的是父母忽视了德育的责任,让渡了本该享有的教育权。尽管新闻报道中有些父母的行为不能代表中国大多数的家长,但从中引以为戒,提高自省意识,主动担起孩子行为导师的职责,应成为一种教育共识。

别小瞧了幼年时的德育第一课,这关乎孩子以后的成长。从小注意言行,长大后更容易成为受他人欢迎的人。良好品行是一个人的基本素养,需要及早培育。古人云:"养不教,父之过;教不严,师之惰。"家庭与学校的职责分工一直很明确——学校重在智育,家庭重在德育。如果说家庭是孩子最初的德育课堂,那父母无疑是孩子的首席心灵导师,有责任为孩子上好德育第一课。第一课教得好不好,决定孩子未来能不能成人，以及成为什么样的人。

幼年是行为习惯养成的关键期，家庭是孩子品行塑造的园地。家庭教育搞好了，孩子才可能自觉遵纪守法，这个社会才更有希望。学校教育与家庭教育密切配合，形成合力，才能培养出优秀的孩子。

以孩子为镜

作为孩子的第一任启蒙老师，父母必须义不容辞地为孩子上好良好品行养成的第一课。这需要广大父母时刻反思自己的教育观，看自己是否做到了长期关注孩子的道德品质，对孩子的行为习惯引导是否到位。

同时，父母要以孩子为镜，时刻做好表率，所谓"其身正，不令而行；其身不正，虽令不从"，父母的榜样作用即在于此。那些真正优秀的父母，在家里往往勤做家务，孝敬老人，有勤俭节约、热爱学习的好习惯；在外面则举止得体，遵守规则，与他人心平气和地沟通，踏踏实实、认认真真地做好本职工作。

德智体美劳"五育"中，"德"字居首。上好德育第一课，对孩子而言至关重要。父母要从自己做起，只有自身道德品质过硬，才能为孩子做出榜样，引导孩子做一个内心平衡、与他人融洽相处的幸福的人。每个成人都是教育者，多一些自省，少一些"放飞自我"，做到知行合一、言行一致，能起到很好的示范作用。孩子看在眼里，记在心上，自然会成长为一个品质优良的人。

我和哲哲一起看过电影《我和我的家乡》，其中一幕让我们俩都很感动。在"回乡之路"片段中，小学生在讲台上做演讲时，坦陈自己想成为乔树林那样为了改变家乡而辛苦付出、不计个人回报的人,而乔树林显然是深受老师高妈妈的影响。教育孩子不需要太多的语言,成人的言行举止就是最有说服力的教育。

让盲童自己摸索着走路

让孩子拥有良好的品德,不是为了培养圣人、完人,而是孩子融入社会的基本要求。

孩子的天赋与才华也许不是父母所能决定的,但品德是可以培养的,培养的关键期就是孩子小时候。从咿呀学语开始,小到待人接物,大到遵守社会规则、国家法律法规,父母引导孩子不断提高德行的过程,就是家庭教育履行职责的过程。

幼年时期,孩子在家庭生活中逐渐掌握了基本的生活与行为准则,在学校生活中慢慢学会了与老师和同学交往,内心有了是非判断、善恶界限、美丑标准,在以后的生活中面对一些突发事件时,才知道自己该做什么,不该做什么,做出正确的选择。

父母如何为孩子上好德育第一课?除了在孩子不同的成长阶段,有意识地关注孩子的道德养成,及时进行表扬与批评,校正孩子的日常行为之外,还要让孩子从小自立自强,信赖他人而不是依赖他人。

《人民日报》报道过一位母亲,可谓真正称得上孩子的成长导师。在哈尔滨熙熙攘攘的人流中,一名11岁的盲童手持盲杖,一路敲敲打打小心探路。走到路口,陪伴在身旁的妈妈会挡住要转弯的车辆,可当有人想把路上的自行车挪开时,妈妈却赶紧用手示意"不用",让孩子自己摸索。她小心翼翼地保持着与女儿的距离，没有放任不管，也没有包揽一切，让孩子既体会到温情，又得到了锻炼独立的机会。

孩子成长不易，父母担子不轻。家长要认准做人的大方向，不让孩子的幼小心灵从一开始就走偏。"勿以身贵而贱人，勿以独见而违众，勿恃功能而失信。""爱人者，人恒爱之；敬人者，人恒敬之。""恭则不侮，宽则得众，信则人任焉，敏则有功，惠则足以使人。"……如何让孩子的"德"立起来，古训言犹在耳，父母不可不察。

在日常生活中，我很注意培养哲哲的良好品德，如尊敬老人，对人有礼貌。我不奢望他能做出多么惊天动地的大事，只期待他长大后能过得幸福。孩子能否成才，考验的是父母的教育观。不要只关注学习成绩，多关注孩子的心灵世界和人格养成，才是家庭教育之道。

孩子知书达礼，想必未来不会太差。

有必要让孩子上高端学习班吗

> 别人家的孩子报了很多班,我们该怎么办?
> 在普遍焦虑的大环境下,我们该如何保持教育定力?
> 家庭教育的根基是什么?

为了给孩子好的教育,不少家长不遗余力地为孩子报各种班,英语、奥数乃至击剑、射箭、机器人等,都在孩子的成长课表里。有一段时间,少儿编程班火爆,各大城市又掀起了新一轮报班热。

家庭经济条件允许,报班未尝不可,但以我的经验,真不见得报班越多越好,经济投入越大越好。在孩子的学习上,没必要报太多高端补习班。相反,在生活中学习,既有趣味又有实效。一如教育家陶行知所说的,"生活即教育,社会即学校""随手抓来都是活书,都是学问,都是本领"。

孩子参加某些高端课程的学习,父母说起来或许脸上有光,但孩子是否乐在其中，能否得到真正的教育，就是未知数了。与其拿出大量真金白银将孩子从小就交给他人培养，不如自己多用心陪伴孩子。

充分利用日常生活中的教育资源，将教育的课堂延伸到大自然中，带着孩子在做中学，在生活中抓住各种机会深入探究，才是早期教育的关键。

好的家庭教育关键在平时

家庭教育，特别是幼年期的家庭教育，着力点应放在亲子生活的日常中，如茶余饭后的闲聊，父母每天接送孩子路上的相处。

尽管我2006年就拿到驾照了，但直到2019年才买车，一方面是家离单位不远，另一方面是喜欢和哲哲一路上打打闹闹、说说笑笑，风雨无阻。从他上幼儿园到上初中之前，我都是步行或骑车送他上下学。

每天，在并不算远的上学路上，在婆娑的树荫下，我与哲哲天南海北地聊天，真是一种惬意而美妙的享受。我给他讲很多我知道的自然与社会生活常识，他给我讲自己的新发现、学校里的新鲜事、阅读后的新感受，让我窥见了一个奇妙的童真世界，也知道了他的许多小秘密。

家和学校之间的这段路上，留下了我俩之间许多美好的回忆，如一场大雪之后打雪仗，长时间欣赏一朵迎春花，和在公园里散步的外国人搭讪等。印象比较深的是，有段时间他喜欢在我后背写字让我猜，由于经常倒插笔，猜测难度大增。一次，他写了四个字让我猜，我给出几个结果都不对。他告诉我答案原来是"爸我喜欢你"，我非常不满：明明是五个字嘛。想跟他辩驳，可狡黠的小家伙已经跑进了校门。

这些让我记忆犹新的日常，后来被他写进了作文，其中一些句子还真是击中了我的泪腺。

和孩子一起在生活中学习

童年只有一次，在不可逆的时光里，父母放下身段，全情投入地陪伴孩子成长，这比任何前沿、高端、时尚的课外学习班都更有价值，更能促进孩子成长。

适度"落伍"，不追赶时髦，不是怯懦，而是保持教育本该有的节奏，润物无声地去教育孩子。对孩子而言，这种有父母参与，体现在日常生活中的教育，才是他们最需要的营养，能给他们留下最美好的回忆。好的早期教育应以陪伴为主，着眼于营建彼此信赖的亲子关系，给孩子心理上的安全感，为孩子的精神成长打下良好的基础。

在各种教育观和教育法甚嚣尘上的当下，父母尤其需要保持定力，坚持自己的教育理念。尽管每个家庭情况不同，孩子的个性可能也不一样，但把每一次亲子活动变成彼此享受的教育活动，才是家庭教育的正确发展轨道。很多时候，和孩子一起在做中学、在生活中学，反而能让孩子在知识、情感、态度、价值观上有大收获。

记得哲哲上小学三年级时，一次上完厕所出来，他问我一卷卫生纸有多长。说实话，我也不知道，于是我俩拿出一卷卫生纸，打开，在地上滚来滚去，然后运用乘法和加法，最终得出了结果。事后，问他是否喜欢这种学习方式，小家伙用力点点头说，这比老师教得还好，做一遍就记住了。

我还看到网上有家长和孩子一起探讨一颗瓜子有多少克。家长除了用秤称，还和孩子探索了另一种实证方法，那就是买了一袋200克的瓜子，然后两人将20颗瓜子摆成一排，结果数出了200克瓜子有将近1000颗，最后运用除法得出了很靠谱的结果。

称瓜子重量也好，量卫生纸长度也好，都是能很好打开孩子思维、提高动手能力的学习方式。更多家长不妨从此开始，从数学扩展到科学、艺术等学科，得出结论之余，还能培养孩子宝贵的科学精神。

立体构建孩子的学习体系

总结对哲哲学前六年的教育经验，我认为，父母真的不必追求看似"高大上"的教育内容；也没必要倾全家之力，送孩子去国际化的教育机构。回归生活的本原，着眼于孩子的年龄阶段与认知特点，尽心陪伴孩子，一点点激发孩子学习的兴趣，不仅有助于孩子构建良好的学习体系，也更能培养出优秀的孩子。

我之所以这么说，也与自己的成长经历有关。我至今难忘小时候和老爸一起在河沟里摸鱼捉虾的经历，也难忘与母亲在田里插秧、拔草、追肥等辛勤劳作的日子，过程虽艰苦，但父母的鼓励、教诲与无声示范，都对我产生了极大的影响，让我至今还能体会到劳动的益处。

尽管当下的孩子很少有机会像我一样，再回到农村参加农业劳动，但与父母一起做一些平凡的日常琐事，或者实施一次向往已久的活动，都是一种很好的教育经历，特别有助于父母做好孩子价值观方面的引领。

例如，经济条件好的家庭，可以每年组织一次不同文化的探访之旅。条件没那么好也没关系，在国内走走看看，筹划一次乡野之行，或者在家里通过阅读构建一个五彩缤纷的世界，也能打开孩子的心胸与格局，带来别样的收获。不管哪一种方式，因为有父母陪伴，结果就会变得不一样。有了父母的见证，收获的喜悦会被无限放大。

父母的陪伴质量与教育产出直接相关，决定孩子能否顺利成长，未来是否幸福，也与亲子关系的紧密程度成正比。因此，父母要切实担起教育责任，而不是将教育孩子的职责轻易地推脱给他人。幼儿阶段是孩子与他人建立信任与依赖的关键期，如果全靠学习班，反而会南辕北辙，达不到想要的教育效果。

只有教育回归到对孩子心灵的呵护，亲子之间彼此珍惜，享受天伦之乐，才能培养出优秀的孩子。

在乡下的生活，是孩子教育的一块宝藏

> 城镇化进程之下，该如何看待乡村？
>
> 土里土气的乡村，藏着哪些教育秘密？
>
> 我们怎样做才能让孩子爱上乡村，发挥好乡村的教育价值？

每年 8 月，我都会和哲哲约定，回一趟东北老家。

一个多星期的时间，我们走亲戚串邻居，房前屋后采摘，村前村后散步，挖土玩泥做弓箭，摸鱼捉虾钓青蛙，有时索性坐在不高的老树上看碧绿的田野，任微风拂面，浮想联翩。一有机会，我就跟哲哲讲一些自己小时候的事：有一年暑假村里发大水，村后的稻田全都被淹了，几处鱼塘连成一片，到处都能看到鱼群游来游去。

回老家成为一种仪式，不只是为了放松身心，我还希望哲哲能借此了解真实的乡村，并与我所生长的家庭建立一种联结。我越来越感觉到，对孩子来说，乡村是一块教育宝藏。

农村有星星、昆虫，还有大粪

上幼儿园那几年，哲哲喜欢去爷爷家，对乡村也有着自己的看法。一次，我让他说说城市与农村的区别，小家伙张口就来：农村有大自然、大粪，房子比较矮，比较破，但空气新鲜，能听到鸟叫，到处都是绿色，夜里非常安静，也非常黑，可以看到许多星星。而城市呢，楼很高很密，人多车多也很吵，但有电脑，还可以看电影、吃爆米花……

等到他上小学后，我有意把古诗词尤其是田园诗引入家乡行，用优雅的诗词来展示乡村之美，如给他讲解李绅的"谁知盘中餐，粒粒皆辛苦"，陶渊明的"山气日夕佳，飞鸟相与还"，白居易的"离离原上草，一岁一枯荣"，翁卷的"乡村四月闲人少，才了蚕桑又插田"，范成大的"日长篱落无人过，惟有蜻蜓蛱蝶飞"，以及孟浩然、杨万里的田园诗。我发现，这类诗在田野里讲别有一番趣味。哲哲也很喜欢这种方式，每次去爷爷家都要带上几本诗集，闲时跟我对诗，偶尔也赛诗，看谁背得多、背得快。一开始我凭借多年的贮备存货还能应付，后来不得不私下悄悄"补课"，免得被他鄙视。

乡村给予哲哲的东西多到超出我的想象。因为经常在乡村看到天牛、水龟虫、水黾、蚱蜢、蜻蜓等各种昆虫，升上小学四年级后，哲哲爱上了昆虫，不仅爱读各种昆虫书，还养了好几种昆虫，慢慢成为名副其实的昆虫小专家，并给全年级同学做了一次演讲，推荐昆虫科普书，掀起了不小的昆虫热。

孩子是属于大自然的

在城市，多数小伙伴都在上课外班，哲哲很少有机会和别人聊昆虫、聊动物。而在老家，他可以到邻居家串门，还交了不少忘年交，明显变得更加开朗。

孩子是属于大自然的，身在鸡鸣狗吠的乡村，他们可以忘掉一切，自由放飞心灵，这是城市的快节奏生活所无法提供的。尽管乡村也有不好的地方，但我和哲哲眼中的乡村是一个朴素、温暖的世外桃源，与生活紧张忙碌的城市截然不同。而且，一些城市家庭，尤其是那些条件相对优越的家庭，让孩子很容易误认为一切都是唾手可得的，想吃什么可以点外卖，缺什么可以到超市里买，渐渐忘了"成由勤俭败由奢""一粥一饭当思来之不易"等古训，对所拥有的东西不以为然，对农业和自然也缺乏起码的认知与敬畏。

我虽然没有给哲哲提供多么"高大上"的生活条件，但他小时候玩具特别多，结果就是不够珍惜。一次，他喜欢上了无人机，家人花了近千元买来，他玩了两次就束之高阁。因为电池忘记拿出来，导致玩了两次就再也不能用了。这件事让我反思，尽管没必要让他们忆苦思甜，但要让他们了解真实的乡村，给他们讲讲祖辈、父辈的生活经历，长大后他们才会慢慢懂得生活的道理，拥有正确的价值观和世界观。

反观我的成长经历，乡村给予我很多东西：在缺少玩具的年代，院子里的花花草草都是我的玩具；在孤独的童年，大自然里的花鸟鱼虫都是我的朋友。乡村生活也塑造了我的品格和心性。我希望孩子们都能有机会享受这种生活，在安静与素朴中沉淀好的习惯与品质，并从千年传承下来的传统中感知中华文化的根脉。

切换到另一个文化环境中去

从我的观感来看，在任何一个地方生活久了，都很容易受当地文化的熏染而不自知，尤其是在孩子的成长阶段。我有意让哲哲体验乡村生活，还有一个目的是希望他从小养成一种对比思维，能体认到这个世界上不只有"住楼房"这一种生活方式。不同的生活方式背后，是不同的文化传统，是各种值得回味的人生以及一个个有趣的灵魂。

国外家庭很注重孩子的社会实践，有的孩子会在上大学前，以间隔年的形式去另一个文化环境里生活一段时间，不只是为了开阔眼界，更是为了寻找真实的自己。这种"为人生按下暂停键"的方式，很多时候反而是一种"加速"，或许在未来的人生中能发挥神来之笔的作用。

我一直渴望培养一个格局开阔、志在四方，有梦想、有行动力的孩子，因此，我想让哲哲对乡村有更多的记忆，与父辈、祖辈有更多的联结，并能由乡村走向更广阔的天地。当然，走遍世界，看尽繁华后，我希望他能落叶归根，回望自己的一生而不后悔，站在大地之上而愈加懂得生活的意义。

怎样用好童书这一教育资源

> 童书市场近年来有什么变化?
> 童书出版的发展变化折射出什么?
> 如何用好海量的童书资源,帮助孩子养成阅读习惯?

一枝独秀的童书

2020 年初,新冠肺炎疫情暴发,但我国童书市场并没有受到太大影响。在第八届上海国际童书展期间,开卷公司相关负责人发布了中国少儿图书零售市场分析报告:2020 年前三季度图书市场整体呈负增长,但少儿图书市场依然实现了正增长,同比上升了 0.64%,适合亲子阅读的启蒙类、互动类和科普类图书市场增幅较为明显。2020 年前三季度少儿图书零售榜单中,本土图书作品上榜 74 个品种,引进版图书上榜 26 个品种。

报告中的数据与业内人士的观感大致相符。近年来,童书的确有一枝独秀的势头，是图书市场增速和增量最为显眼的门类。尽管童书细分市场之间并不均衡，如儿童文学类图书市场呈下降趋势，少儿科普和低幼启蒙类图书市场增幅则超过两个百分点，但整体上童书市场发展态势不错，既折射出全民阅读在深入推进，也反映出家庭越来越重视阅读。出版社亦在不断培养原创作者，挖掘原创主题，尤其在少儿科普领域，时有佳作面世。

读童书也有"马太效应"

童书销售逆势上扬，是因为疫情期间在线学习成为常态，空间的限定反倒让不少中小学生有了更多阅读的机会。另外，家长也乐于为孩子购买童书，以填补其课外时间。疫情期间，哲哲正好是初三下学期，虽然面临中考的压力，但他还是在备考之余，从我的书架上拿出几本书来看。

哲哲的阅读史，从低幼读物、绘本到儿童文学，从儿童诗、童谣到唐诗宋词，从传统文化、动物小说到历史地理，从科普、哲学到艺术，众多经典的童书伴随着他的童年，已然成为他的好伙伴，深深融入了他的日常生活，在完善知识结构、奠定精神基础和培养积极价值观方面发挥了重要作用。自哲哲上幼儿园后，我几乎每个月都下单买书，很快成了某网站的钻石会员，买来的书既是给他看，也是给我自己看。

需要注意的是，热销的童书并不等于优秀童书；买书的家庭和学校多，并不等于孩子读书就多；孩子读书多也不等于读的好书就多。实际上，在童书阅读上同样存在"马太效应"：阅读氛围浓厚的家庭购书已成习惯，且越买越多；而没有阅读氛围的家庭在购书上的投入则少得可怜。爱读书的孩子几乎手不释卷，且读的多是品位较高的优秀童书；而没有阅读习惯的孩子一年也读不上几本书，阅读品质也不见得好。

因此，没有阅读习惯的家庭要尽快把书读起来，帮助孩子早日养成阅读习惯，打通童书阅读的"最后一公里"，让优秀童书真正融入孩子的生活，更好发挥智育、德育与美育的多重作用。

你知道蠼螋是什么吗

具体来说，既要引导孩子读畅销童书，也要读一些未被广泛认可的小众童书；既要读影响了几代人的经典童书，也要关注新作者的优秀作品；既要读虚构类的儿童文学，也要读一读包括人体、动物、科学、传播学、人类社会、人工智能等在内的非虚构类的童书。其实，每个领域的童书都有代表作家和代表作，还有些是得到阅读推广人公认的佳作，父母只要稍加辨别，引导孩子从喜欢的一本书、一个作家开始，慢慢读起来，反复读，再扩展开来，就能走向更为广阔的阅读天地。

以昆虫类书籍为例，哲哲一开始因为喜欢漫画，偶然读到了由接力出版社出版、吴祥敏和夏吉安创作的"酷虫学校科普漫画"系列，沉浸其中一发不可收拾，要我把全部系列都买来给他看，看完漫画版又对比文字版，并经常和我讨论。因为我的昆虫知识积累不够，经常与哲哲无法对话，所以我也细读了这些书，慢慢地爱上了昆虫。除了聊昆虫，我还和哲哲去花鸟市场买昆虫，到田野里捉昆虫，在家里养昆虫，一起画昆虫，还在网上找了不少跟昆虫有关的电影和纪录片看。丰富的活动使他对昆虫阅读的兴趣越来越高,昆虫知识积累越来越多,俨然一个小昆虫学家。

记得有一次同事上班时突然叫了起来,原来座位下面出现了一只虫子,跟蟑螂一般大小,但尾巴有一个剪刀,我也不知道具体叫什么名字,但知道肯定不是东方蜚蠊或德国小蠊,于是抓住拍照。等哲哲放学后,我请他鉴定一下。小家伙看了一眼,告诉我:"爸爸,这只昆虫叫蠼螋(qú sōu)。'蠼'呢,就是虫字旁加上'精神矍铄'的'矍';'螋'呢,就是左边一个虫字旁,右边是'一艘船''艘'字的右半边。蠼螋吃面包屑之类的,别看有个剪刀似的尾巴,看上去挺吓人,其实一点也不厉害。还有啊,雄性和雌性蠼螋尾巴是有区别的,雄性的尾巴呈U型,雌性的呈V型……"他巴拉巴拉说了好一阵,讲得头头是道,让我非常佩服。

如何为孩子把好阅读关

> 所有的童书都有益于孩子成长吗?
> 婴幼儿时期,孩子可以读什么书?
> 父母如何指导大孩子阅读?

2020年6月,《半月谈》杂志以一本名为《小熊过生日》的儿童绘本为例,批评某些童书粗制滥造,内容失格,儿童不宜。

原来书中有这样一个画面,小老虎、小兔子、小老鼠等参加小熊的生日会,吃蛋糕时小熊发现有一个朋友不见了,餐桌上则多了一只烤鸡。网友纷纷表示,这样的奇葩童书令人难以接受。报道还说,有一些童书存在歧视性内容,将扭曲的观念投射到作品中,如一本儿童幽默小说将正在讨论问题的女孩形容为"长舌妇"。一些家长因此担心,童书中充斥此类话语,将不利于孩子们形成正确的性别观念。

这些书我没看过,也是看了新闻后才知道。应该说,家长的担心不无道理，童书市场有脍炙人口的经典，但也不乏粗制滥造之作。尽管随着出版制度的不断完善，出版社的精品意识逐渐增强，优秀童书越来越多，但短时间内让所有品质不高的童书或者盗版书绝迹于图书市场，显然也不现实。

对此，既需要相关部门持续把关图书出版，加大童书检查力度，像对待有害儿童健康的食品和节目一样，最大限度杜绝这种书在市场中的流通，同时也需要父母擦亮眼睛，提高甄别意识，为孩子把好"入口关"。

家长在为孩子选择童书时，一定要自己先看一看，多站在孩子的角度选书，选择那些有趣的、有想象力的、图文并茂的作品，而不能单纯以是否便宜、是否成套、是否某某指定或某某必读等为标准。存疑的地方可以咨询相关领域专家，或和孩子一起深入探讨，培养孩子的辨别能力，提高孩子的阅读品位。

我从2007年开始给两岁多的哲哲买童书，买来后自己先翻翻，再给他读。当时也不太懂，在网上买的时候全凭感觉，结果就是有的很精彩，哲哲反复让我读；有的一开始读就感觉一般，读完后便扔在角落再没看过；还有的明显有瑕疵，如过于成人化、格调不高、低俗搞笑等，我索性直接处理掉，根本就没给孩子看过。读得多了，我针对哲哲的兴趣，循着好作者、好品牌、好系列、好出版社的路子，慢慢地找到了门道，让一本本好书陆续走进家中，成为小家伙的精神食粮。

我的经验是，如果父母自己爱读书，从小就给孩子买书、讲书，假以时日自然会对童书有感觉，孩子也会对童书有相当靠谱的判断，不仅能养成良好的阅读习惯，还会有自己的阅读趣味和不错的阅读品位。但前提是，在初始阶段，成人要引导孩子读书，越小的孩子越需要指导，而不是把书直接交给孩子。在价值观、世界观尚处于养成阶段的幼年期和童年早期，家长的陪伴与引导非常重要。

在亲子共读中也一定会遇到一些问题，这时可以通过父母与孩子一起讨论交流来解决。例如，有的孩子会对故事中的行为产生好奇心，进而加以模仿，如《大卫，不可以》就有这样的效果，这其实是很正常的行为，并非多么严重的错误。与其批评孩子，家长不如语重心长地及时予以纠正，或者淡化处理，孩子觉得无人欣赏也就偃旗息鼓了。有报道说，一对父母在网上给儿子买了一套童书，书里的主人公动不动就发脾气，儿子竟也跟着学起来，这种情况在许多家庭都存在。我家老二最近也喜欢说"爸爸小屁股""妈妈小屁股"，这是因为给他读"顽皮小公主成长故事"系列时，他无意中记住了这句话，觉得有意思。狠狠批评两岁多的孩子不合适，我们予以冷处理，他也就慢慢转移了兴趣点。

市场上的图书品质参差不齐，对家长而言，在为孩子选书时，应尽量结合孩子的阅读能力和兴趣，选择专业的出版社、经典的品牌、优秀的作者，并提前阅读，每一本都要严格审查。不能贪便宜或图省事，而要尽量选择耳熟能详的经典作品，毕竟这些作品经过时间的洗礼，形式与内容都经受了检验，是适合孩子的精神食粮。如果买回来读一遍觉得不妥，可以放一放或索性处理掉。即使孩子通过其他途径读到了有问题的童书，也不必大惊小怪，与孩子一起探讨利弊，让孩子清晰认识到这本书的问题在哪里。亲子之间多品书、多聊书，让孩子在此过程中慢慢变得爱阅读、会阅读，多读书、读好书，成为名副其实的终身读者。

等到孩子有了一定的阅读品位，自然会对经典心向往之，对劣质图书敬而远之。

什么样的"育儿账单"才算好看

> 孩子越大,花钱越多,这是真的吗?
> 怎样用"育儿账单"来反思家庭教育?
> 怎么才能做到"只花该花的钱"?

初中生一年要花多少钱

从 2003 年参加工作开始,我一直有个习惯,每年年底买一本台历,每天写上当天的关键词,如采访了某某某、完成某篇文章、去哪里见了朋友,顺便记一下超过 100 元的大宗消费。

我发现,哲哲出生后,我的大宗消费不再是自己消费了什么,而是给哲哲消费了什么,有时候是书,有时候是某些如游泳、足球的培训班。相信不少父母都有和我一样的感受,那就是随着孩子长大,花在他们身上特别是跟学习有关的真金白银越来越多。

但这个数额具体是多少呢?养育一名小学生、中学生每年都需要多少花费？有好奇者真的做了一个统计。2019年，《钱江晚报》刊发了一篇报道：杭州观成中学设计了一份特别的调查表，在放寒假前以邮寄的形式寄到全校每一位家长手中，由家长和学生一同填写完成后上交。这是一份"年度育儿总结"，也是一份"年度育儿账单"。让人吃惊的是，调查结果显示，在杭州，养育一名初中生，每个家庭的年平均支出竟高达88000元。

仔细看观成中学设计的"2018年育儿账单"，足足有六个大项——学习类、生活类、休闲娱乐类、亲子沟通类、家校联系类和陪伴类。从日常开销来看，家长在孩子初中阶段最大的投入，是补习班，最高达到6.25万元一年。

接受记者采访的班主任郑老师说："据我所知，我们班培训费超过5万的人数，一只手肯定数不过来。最多的一年要花20万元，但这位家长还没有把账单填好发我，所以没有统计进去。但我认为，与其在培训班花那么大代价，还不如在校期间认真听，跟着老师的节奏走效果好。"

年末岁首之时，盘点一年的教育支出，有助于反思花费结构，力争把每一分钱都花在刀刃上。透过账单，孩子们会发现，"原来父母在自己身上投入了那么多金钱和精力"，也让亲子之间"回忆起了过去一整年的家庭美好时光"。

"育儿账单"往往也跟孩子的成长规划相关联，可谓总结家庭教育得失的契机：每笔支出是不是花得值？支出比例是否合理？孩子是否有收获？这些问题直接影响后续的教育投入，乃至孩子的未来成长。

高昂的补课费，可怕的"赢在起跑线上"

"育儿账单"也是反思家庭教育观念正确与否的标尺。从报道中给出的数据可见，补习班支出占比遥遥领先，其平均值是兴趣爱好培养支出的三倍多。可见，绝大多数家庭，尤其是家有中学生的家庭，更多教育支出是放在培优上，对孩子的兴趣培养和阅读支持相对逊色许多。

其实，何止在杭州，我国很多地方都存在过度重视孩子学业成绩的情况。高昂的补习费用成为家庭沉重的负担，背后也有很多无奈。如报道中所言，父母"争先恐后地将孩子送到校外教育机构，并不是自己不近人情，实在是大环境使然，赢在起跑线的理念深入骨髓，孩子从幼儿园开始，学业竞争就不断地被提前"。但是，这也反映出家长们普遍的教育观：更希望孩子在激烈的学业竞争中拔得头筹，将来考取好大学。

那么，到底该如何看待"育儿账单"？从数据中该反思什么？其实，孩子成才固然需要好成绩，但更需要从小打下会学习、爱学习的基础，生发出旺盛的向上生长的内在力量，并始终保有热爱生活、对世界充满好奇心的人格与情怀。这些对于生长于互联网时代的孩子而言，才是助力他们拥有幸福感和成就感的关键所在。

多花点钱在"玩儿"上

因此，父母有必要调整教育支出的结构，在投入上合理化、精准化。例如，在培养孩子的兴趣爱好上，支出更多一些，给孩子更多自主发展的空间，让其发展个人特长，找到终身所爱；在书籍资料上，适当提高支出比例，让孩子除了课堂学习外，有机会阅读经典，在学校之外找到另一位优秀的生活导师，借助那些优美的故事与隽永的哲思来构建自己的内心世界；父母多带孩子出门看世界，了解不同地域的不同文化，近距离感受中国乃至世界的巨大变化，认识互联网时代给社会生活和人类生产方式带来的变化，从中找到自己的未来职业方向。另外，父母也要从家庭教育支出中拿出一部分，通过自己喜欢的方式，来充实和提高自己。

"育儿账单"的背后，是我国无数家庭对孩子的教育期待，是众多父母鲜明的教育诉求。表面上这是简单的数字变化，内在却是对教育规律的尊重，是科学育儿的回归，更是教育生态的积极改变。对更多的家庭来说，善莫大焉。

让假期发挥"间隔年"的作用

> 暑假那么长,孩子该怎么过?
> 怎样才能让假期过得充实?
> 如何设计实施,才能让孩子过一个有意义的暑假?

每每临近假期(主要是暑假),父母们就开始为孩子的假期生活做安排。

放眼孩子的假期生活:农村边远地区的孩子往往少人看管,处于自娱自乐的散养状态;大城市的孩子,则大多奔波于各种辅导班之间,每天被安排得满满当当,假期成了"第三学期",与上学时没什么两样。

应该说,两种方式都不太可取,都没有发挥出暑假应有的作用,无法让孩子感到充实。顾名思义,暑假更主要的应该是放松身心,应该与平时上学有较大的区别。把暑假当成"小学期",对孩子的成长并无太大益处。暑假是孩子体验世界的关键期,是增长见识的弯道加速期,在什么地方加速、如何加速、加速到什么程度，都是广大父母应该思考的问题。

八年时间，我们带哲哲去了九个地方

每年暑假前，我和哲哲妈都会认真规划，按照非毕业季一年去一地旅游的节奏，小学六年分别带哲哲去了河北北戴河、福建厦门、江西婺源、广西桂林等国内城镇，以及意大利、法国和柬埔寨等国家；初一、初二时，哲哲跟着大姨和姨夫一家去了青海和内蒙古自驾游，整个旅程到处吃、看、学，也算收获不小。每次旅行之前，哲哲都会查阅相关资料，有时还会买一些相关书籍，旅游时带上阅读；回来后，会给家里人讲一路上的见闻，抑或做一个海报，不只是为了完成学校作业，也是对自己半个多月的旅行做一个总结。

理想的暑假生活，的确需要仔细设计、认真执行。不管是家庭还是学校，实际上都应该未雨绸缪，让暑假发挥类似间隔年的作用。"间隔年"，英文为 Gap Year，在西方发达国家非常流行，大概意思是青年在升学或者毕业之后，先不急于盲目朝前走，而是停下来，做一次远距离旅行，用一段时间（通常是一年）放慢脚步去做自己想做的事情。在这一段时间里，他们可以去游学、当义工，或者只是休息，思考自己的人生。

"间隔"的意思是停顿，以一种轻松的状态融入当地的生活。它可以帮助学生通过社会实践，进一步了解自己，以达到更好地融入当前社会的目的。有的学生将间隔年当成一次探索之旅，在间隔年旅行中，发现自己真正的兴趣点后，再回到校园准备追求新志趣。如果说间隔年可以拓宽学生的视野，培养积极的人生态度，让孩子更好地融入社会，那么暑假完全也可以做到这一点，即充分借助学校教育和家庭教育之外的社会教育平台，以行走的方式，专注于提升综合能力。

用假期去收获另一种人生体验

我总觉得，暑假不该成为学校教育的延伸，而应变换一种生活方式，让孩子去开阔视野，深刻认识自我，重新确立人生目标。就像我长时间看书写作之后，特别想打一场篮球或跟着老师练习瑜伽，为身心按下重启键。如果说学习与运动的转换是个小循环，那么学期与假期的转换就是一个大循环，调整好了就能让生命重新焕发活力。

因此，父母要根据不同年龄段孩子的特点，予以不一样的暑假设计。针对已经进入高中的孩子，父母不要大包大揽，可以提出一些仅供参考的意见，把如何过暑假的决定权还给孩子，让他们提前计划，自己安排暑假，父母在力所能及的范围内给予支持。

而针对年纪较小的孩子，父母需要结合孩子的年龄和心性特点，补上平时无法完成的成长必修课。例如，对于大城市的孩子而言，他们属于互联网一代，少有深度接触大自然的体验，也少有贫穷、饥饿、辛劳的经历。这是触屏一代的幸运，也是他们的不幸。虽然没有必要故意让他们忆苦思甜，但父母有责任让他们看到大自然的多样貌、生活的多层面以及生命的极大弹性。

相对而言，参加沙漠行走、营地活动、野外探险是比较合适的选择。在保证安全的前提下，让孩子的身心得到历练。孟子说过："天将降大任于斯人也，必先苦其心志，劳其筋骨，饿其体肤，空乏其身，行拂乱其所为。"童年期是孩子锻炼自我、塑造"三观"的关键期，需要通过与大自然的接触，更深刻地了解脚下的大地，找到生命的意义。

而且，不只是孩子，成人其实也需要这种身体上的磨砺。陪伴孩子固然是目的之一，更深一层则是不让过于安逸的城市生活迷失了我们的教育初心。在相对较长的暑假里，父母和孩子不妨将自己还原为一个纯粹的自然人，像《荒野求生》里的贝尔·格里尔斯一样，感受自己与自然的关系，进而重新审视生命本身。这样安排暑假，本质上符合此阶段孩子的心理特点，拉近了亲子关系，也有助于锻炼他们的能力。

在国外，暑假时间虽然不是那么长，但不少家庭支持孩子参加骑行、暑假探险、夏令营或者实地考察等活动，暑假因此成为孩子提升能力和开阔视野的关键期。尽管每个家庭情况不同，不一定非得照搬国外，但秉持开放的教育观，尽可能丰富孩子的阅历，是过暑假的正确方式。

我之所以愿意放下工作，想方设法带哲哲去远方旅行，还有一点是，我知道他很快就会长大，上了中学后，一来忙，二来估计也不愿意再由我带着到处走，而是更希望和朋友一起出行。因此，趁孩子还小，珍惜和他们在一起的幸福时光，等暑假来临时，不妨背起行囊，一起去看世界吧。

为什么要引导孩子接纳自我

> 自我接纳是一个很重要的教育课题吗?
> 不接纳会带来哪些问题?
> 我们应该如何引导孩子从小接纳自我?

我有一位做心理咨询的师兄,一次给我讲了一个引人深思的案例。

案例中的女主人公是一名重度洁癖患者,接触任何东西后都要洗手。随着时间的推移,洁癖越来越严重,甚至到了每隔几分钟就要洗一次的程度,严重影响了正常生活,不得不求助于专家。后来,我的师兄跟她聊了几次,慢慢找到了问题所在。原来在她出生后,她的妈妈患上了产后抑郁,对自己的孩子爱不起来,很少跟孩子有身体接触,抱孩子的次数更是屈指可数。由此,这位女士在潜意识里暗示自己,可能是自己不够好,不够干净,所以妈妈不喜欢自己,不爱抱自己。

在婴幼儿抚育方面,之所以说抚触是一种必需,多抱抱孩子非常重要，是因为身体上的接触有助于建立父母与孩子之间的联结，由此培养孩子的自我接纳意识，在此基础上开始认识自我。

认识自我，即对自己的洞察和理解，包括自我观察和自我评价；接纳自我，则可谓自我认知的完成，背后是人格统一体的建立，意味着社会化过程的逐步实现，一个独立完整的人的初步形成。两者是非常重要的早期教育课题，奥地利心理学家阿德勒就表示，"培养孩子健全的人格，才是儿童教育的首要目的"。

生活中许多难解的心结，大多与自我认知出现偏差，无法接纳自我有关。我有一个朋友婚后一直不要孩子，她说她父亲重男轻女，对她一直不是很满意，态度也总是很冷漠，使她从很小的时候就下决心不要孩子，"我不希望我的孩子像我一样从小没有存在感"。实际上，不要孩子有多种原因，父母的观念只是诱因之一。如果能够自我接纳乃至自我悦纳，将来无疑更有可能成为好父母，拥有幸福的婚姻和生活。

让孩子接纳自我，需要父母自身有意识、行动有准备，可以从绘本阅读做起，帮助孩子从小认识到自我与他人的不同，不必扭曲自己成为别人或别人理想中的样子；引导孩子相信自己是独一无二的个体，这都是很好的成长课。

经典童书中有许多富有教育意义的自我认知主题绘本，如《有个性的羊》《小猪变形记》《小绿狼》《长颈鹿不会跳舞》《威廉的洋娃娃》《我不知道我是谁》等。我在哲哲上幼儿园时，就给他读过这些主题绘本，并鼓励他勇敢做自己——喜欢奥特曼、爱阅读、爱美食，不会弹钢琴、玩不好滑板、写字比较慢都没有关系，不必苛求自己，尽力去做即可。正是因为优点和缺点并存，你才成了父母眼中独一无二的你。

让孩子从小认识自我、接纳自我、挑战自我、活出真我，是父母的重要职责，也是家庭教育早期用力的地方。想要做好这一点，家长可以参照瑞士心理学家皮亚杰的儿童认知发展理论和美国心理学家阿内特的青少年心理学理论，以了解不同年龄孩子的身心发展特点。从哲哲的成长经历看，大多数孩子在一岁时就有自我意识，两岁时已能意识到自己的独特特征。随着孩子逐渐长大，父母不妨通过为孩子设立自我挑战的目标，让孩子在挑战自我的过程中，了解自己的优势与不足，让战胜自我的成就感为后来的成长蓄力。记得哲哲上小学一年级时，有段时间特别喜欢滑蛇板。虽然一开始驾驭得不是很好，但在我不断的鼓励和帮助下，最终他滑得非常自如，自信心大增，以后再学习其他运动项目时，他都愿意尝试。

孩子到底是怎样的人，有怎样的能力，即使是父母也难以准确判断。引导孩子定下高远目标并不断努力，就能帮助他们在不断的自我挑战中了解自我，知道什么时候需要坚持，什么时候应该放弃。

帮助孩子接纳自我，还有一个重要前提，那就是父母眼中不能只有"别人家的孩子"，要全身心地接纳自己孩子的优点和缺点。不能孩子有了成绩，就当作心肝宝贝；一旦孩子学业欠佳，就心生嫌恶。同时，父母自身也要有自我接纳的意识，因为父母人格的统一是孩子人格统一的前提。这不是要求父母安于现状，而是能诚实面对生活，认真打造亲子关系和夫妻关系，对自己有信心，对未来有期待，既经营好自己的人生，也给孩子做好榜样。

一个人的成长，说到底是在接纳自我的基础上不断提升的过程。如果说正确认识自我是孩子远行的起点，那么接纳自我、超越自我则是孩子美好一生的保证，是一项重要而持久的修炼：早期离不开父母的引导；后期则需要孩子不断突破认知局限，努力提升自我，走向人生的新高度。

我们给孩子的爱是真正的爱吗

> 你有没有想过,你给孩子的可能不是真正的爱?
> 真正的爱应该怎样,不应该怎样?
> 怎样才能让孩子在真正的爱的激励下成长?

哲哲上初二时,进入了许多人所谓的"叛逆期",表现之一就是不再像小学时那般听话,变得沉默寡言、不爱学习,常常在家一宅就是一天。让他出去走走,他告诉我"就爱在家待着,我讨厌阳光和新鲜空气"。那段时间,我俩从以往的亲密无间变得大小冲突不断,彼此无话可说,亲子关系陷入了低谷。哲哲倔强的外表似乎表现出一丝打败我的快感,但内心如何,不得而知。而我,浑身不自在,甚至一度很痛苦,特别有挫败感。

后来,我请教了一位学心理学的师兄,他告诉我,有些家长对孩子的爱,看上去很像爱,却是虚假的爱,不是真正的爱。这句话让我反思良久，内心深处我也许爱的仍旧是那个听话、爱学习、爱阅读、满脸阳光的哲哲，而不是眼前这个正值青春期，有自己心事和处事方式的少年。

爱才是最好的老师

爱因斯坦曾说过："只有爱才是最好的老师，它远远超过责任感。"爱是家庭教育的核心，但不得不承认，爱有不同的表象，如我对哲哲的爱，一定程度上带有功利色彩。和婚姻一样，一旦设定了前提条件，都会失去美好的色彩，难以一路抵御风雨，走到最后。

表面上，我们很爱孩子，愿意给他们一切，但很大程度上，我们总是有意无意地将他们当成私有财产，期待高额的回报。于是，当孩子不听话，没有朝着我们希望的方向发展，不符合我们的预期时，我们就会收回自己的爱，后悔一直以来的付出，甚至不假思索地抛出一个个语言炮弹，诸如"我辛辛苦苦把你养大容易吗，你怎么一点都不听我的话呢？""我做的所有一切都是为了你好，你怎么不领情？"这样的话，我的确说过，哲哲妈也反馈我，这样说不仅毫无效果，而且特别伤孩子的心，她听着都如坐针毡。

有我这种想法和做法的家长，现实中不在少数。心理学上有一个概念是"非爱行为"，即以爱的名义对自己最亲近的人进行一种强制性的控制，往往发生在夫妻之间、恋人之间和亲子之间，让对方按照自己的意愿去做，表面上是爱，本质上是赤裸裸的情感压制和精神暴力。

英国心理学女博士希尔维亚·克莱尔说过这样一句话："世界上所有的爱都以聚合为最终目的，只有一种爱以分离为目的，那就是父母对子女的爱。所以，真正的父母之爱是让孩子早日成为一个独立的个体。越早让孩子从父母的生命中分离出去，家庭教育往往就越成功。"

而想要给孩子真正的爱，父母首先要觉知哪些是非爱行为，这种行为具体有怎样的表现。

父母的"非爱行为"

细细数来，父母的非爱行为大致有五种典型表现。

一是有前提条件的爱。很多时候，也许家长并没有意识到，当孩子提出一些要求时，他们会习惯性地提条件，不满足家长的条件就不满足孩子的要求，亲子之爱由此有了交换意味，这其实就是一种"非爱行为"。

例如，孩子上小学前，我们会对孩子说："听话！不听话我们就不喜欢你了！不听话我们就不给你买玩具！"孩子读小学时，我们常常会说："你期末考试考得好，我就给你买平板电脑！""你数学考100分，我们就带你去旅游！"孩子上中学后，我们经常警告孩子："你再跟那些不爱学习的孩子来往，就别回来了！""你再打游戏，就别指望有压岁钱。"孩子大学毕业参加工作后，我们又会说："你在这个城市工作，我们就考虑把现在住的房子给你。"……当爱被作为交换的工具，显然就不再是爱本身了。

二是没有底线的爱。这种爱没有原则，或标准不一。例如，家里做了好吃的东西，都会让孩子先吃，家长坐在那里看着；孩子淘气把人家的东西弄坏了，家长不让孩子去承认错误，反而会用各种方法平息此事；孩子在公共场合大吵大闹，家长不予制止，听之任之。这种在溺爱中长大的孩子，既缺乏独立生活、独立思考的能力，又严重缺乏爱心、同情心和责任心，更没有对规则的敬畏。最后孩子爱的能力不足，群体关系不够融洽，人格在很大程度上也不够健全。

三是永不满足的爱。这种现象很常见，家长对自己没有与时俱进的要求，对孩子却欲壑难填，总是对孩子取得的成绩不满足。例如，孩子这次考试得了第二名，家长们不仅不夸奖孩子，反而会挑剔他们怎么不努力拿个第一名。孩子通过自己的努力获得学校三好学生的荣誉，家长又遗憾怎么不是个区级或市级三好生。此类父母，看到的总是孩子的不足，浇灭了孩子向上生长的热情与动力。

四是要求回报的爱。这种类型的父母不是把养育当成一种责任，而是一种投资，期待着高回报。例如，有些父母会对孩子说："我们全心全意养育你，你可要给我们争口气，我们这辈子就指望你呢！""我们现在给你花这么多钱上补习班，你要是期末不考个班级前三名，将来不考个好学校，怎么对得起我们！"诸如此类，对孩子的付出变味成一种交换，凡事斤斤计较，家庭氛围越来越像市场里的讨价还价。

五是过于依赖的爱。一些父母把孩子作为自己的精神寄托，甚至是生命支柱，把所有的筹码都压在孩子身上，一看到孩子表现出冷漠、疏远等情绪，就会说："我太爱你了，没有你，我活不下去！"有的甚至明确告诉孩子："我们就是为你活着，我们每天努力工作、省吃俭用、节衣缩食，就是为了你。"这一点，在许多影视剧中屡见不鲜，一些知名演员塑造了不少此类父母的形象，让人记忆深刻，但这种爱孩子的方式并不健康。

连爸爸开玩笑都会让我害怕

有媒体刊发了一个成年人反思父母教育的感受:"我的父亲是个极度强势也非常情绪化的人,他的教养方式完全看心情。心情好的时候,他会跟我们开玩笑,我不怎么敢回应他,但还是大着胆子迎合。毕竟他是我们那个时候的权威,能博权威一笑,又是多么有成就感的事。现在看来,我的讨好型人格就是这么来的吧?"

其实,不只是讨好型人格,许多孩子缺乏自信、胆小怕事、犹豫不决或无所顾忌、不顾及他人的感受,乃至患上抑郁、洁癖、焦虑等一定的心理疾病,很多时候都可以追根溯源到父母的非爱行为上,这与不科学的教养方式有直接关系。

父母的非爱行为,对孩子伤害很大。表现之一是,影响孩子的人格发展。父母有条件地爱孩子,或者溺爱,都是把爱变成了工具,使孩子无法感受到爱的本质,因此亲子之间无法建立起健康而紧密的联结。幼小的心灵无法承载父母过多的要求和期望,会导致他们对自己丧失信心,在潜意识里觉得自己是不值得爱或无法得到爱的人,进而产生对自我的不接纳心理。而自我接纳显然是童年教育一个非常重要的课题,与未来的幸福人生息息相关。

一个人如果不能悦纳自己,就很难在事业上取得成就,在婚姻上获得幸福,毕竟不爱自己的人大多数也很难爱别人,更无法以正确的方式给别人健康阳光的爱。一个孩子人格不健全、情感不丰富,就很难获得安全感、满足感和成就感。这些看起来好像没那么重要,其实是孩子成长的关键软实力。

表现之二是，非爱行为会导致孩子长期处于心理亚健康状态。这种亚健康状态可以表现为心理疾病的所有症状，如抑郁、焦虑、恐惧、愤怒等；也可以表现为人际关系的冲突、紊乱、不稳定，对之后的人生状态产生不良影响，最终导致人格的亚健康。

就像前文所说的那个女性洁癖患者，当时我从事心理咨询的师兄建议她和妈妈好好聊聊，如有可能，和妈妈拥抱一下。我师兄的解释是，洁癖很大程度上源于自我嫌恶，背后是与家人有意无意间产生的亲情裂痕。因此，治疗洁癖的关键，是重建与家人的亲密联结。

重建联结表面上是修复非爱行为带来的不良后果，实则是找到了非爱行为的错误根源，找到孩子与父母之间真正的爱，进而帮助孩子走出心理亚健康状态。

表现之三是，非爱行为会弱化孩子的综合能力。许多父母对孩子的过度关爱渐渐变质为操纵孩子的生活，强制孩子按自己的意愿行事。孩子习惯了凡事听人安排，接受锻炼的机会就会越来越少，综合能力自然会越来越差。综合能力弱化首先体现在心理上，如内驱力不够，自信心、意志力和抗挫力欠缺；其次是动手能力、逻辑思考等能力不足。现实生活中，我们经常会遇见过于强势的母亲和眼神怯怯的孩子，也会看到母亲无所不能而孩子什么都做不好的现象。孩子胆怯无能恰恰是非爱行为导致的不良后果。

这种母子关系和人格形象在影视剧里也很常见，《都挺好》就是一个很好的例子。剧中的母亲非常强势，最终反映在两个儿子身上——苏明哲担当意识不够，苏明成则胆小怕事。剧中有一个情节很耐人寻味：老二苏明成对老大苏明哲说，他曾给老婆下跪道歉。老大一边摸着自己的膝盖，一边不断地说："能理解，能理解。"苏明成听了之后，憋屈地说："你说咱俩这毛病是不是爸传染的？"与其说是老爸传染的，不如说是老妈精心塑造的。因为心理学家阿尔弗雷德·阿德勒说过一句话："假如母亲较富有权威性，整天对着家里其他人唠叨，女孩子可能模仿她，变得刻薄好挑剔；男孩子则出于防御，怕受批评，尽量寻找机会表现他们的恭顺。"

尊重孩子

为人父母，既要认识到父母非爱行为的危害，也要认识到背后的根源，这样才能给孩子真正的爱，在爱、管教、引导之间找到适度的平衡。何为真正的爱？美籍德国心理学家埃里希·弗洛姆对"无条件的爱"下了一个定义，那就是坚定地去爱和全然地接受对方，不带有任何附加条件。父母爱孩子，仅因为他们的存在，而不是看他们的表现。如果想走出非爱行为的误区，以真正的爱培养人格健全的孩子，营造健康的亲子关系，就要坚定地做到以下三点。

首先是尊重孩子，平等看待孩子。

尊重意味着不利用孩子，没有各种小私心。如果对孩子的爱有附加条件，那么这种爱就属于交换，已被异化为筹码，本质是自私的，因而也产生不了真正的爱。孩子不是父母的附属，而是有独立意志的，每个孩子都有自己的想法和行为，是一个独立的人。父母要给孩子空间，让他发展个性；要给他们尝试的机会和犯错的权利。即使孩子在某些方面无法达到标准，我们也要耐心传达我们的爱和信心；即使孩子做得不够完美，我们也要加以鼓励和支持。随着时间的推移和不断的尝试，孩子会逐渐找到适合自己的节奏，并在探索的过程中找到成功的路径，成为更好的自己。

做父母的心里要有儿童本位意识，用平等的姿态对待孩子是对生命个体的尊重。而平等，就像一些专家所说，意味着既不是以俯视的角度，用居高临下的方式威压；也不是从仰视的角度，以丧失原则的方式宠溺。现实中，我们平等看待、尊重孩子，孩子也会回报我们以尊重。卢梭说过："要尊重儿童，不要急于对他做出或好或坏的评判。"孩子不会因为我们是成人而尊重我们，他们只会尊重值得尊重的人。

而且，0至6岁是孩子人格建立的关键期，父母要从孩子幼年期开始，就有意识地把孩子看作一个独立而有自尊的个体，以平等的姿态与之交往，让孩子感受到被尊重、被关爱、被呵护，这样他们长大后才能在人格上独立，有自尊，有自信，能在爱自己的同时爱别人。

其次是全然接纳，彼此珍惜。

真正健康、伟大的父母之爱，是不求回报、完全无私的，是完全意义上的成全。尽管许多父母非常爱孩子，但出于自身的需要和愿望，在面对孩子时，都难免容易焦虑、急切和控制欲太强，忽略了他们成长所需的时间、空间和自由，忘了他们本身也是有自我意识的人。因此，父母应注意自己的心态，类似"现在我养你，以后你养我""你只有出人头地才属于这个家，否则就不配待在家里""你不努力就是大逆不道"等话语或心理暗示，都是要不得的，这本质上都是要求回报，为爱附加条件，不是真正的爱，无助于孩子的成长。

接纳孩子的全部，包括外表的不完美，心理和能力上的欠缺，以及求学过程中不理想的成绩。这个接纳不是表面上的漠不关心，而是发自内心的认同，在生活中通过言语和行动，让孩子时刻感受到被父母全身心爱着，内心一直保有安全感。我在哲哲初中时，对他的成绩很不满意，给他脸色看，甚至和他有言语、肢体上的冲突，因为我内心接纳认可的只是那个各方面都很优秀的完美小孩。这种教育方式就是很有问题的。生活中，即使孩子成绩不好，我们也要全身心爱他，让孩子被爱和关怀所包围，慢慢找到学习动力，找到问题所在，进而和父母一起努力战胜自己。

再次是相信孩子，逐渐放手。

真正的父母之爱不是掌控的，而是放手的。信任从来不是挂在嘴上的，而是体现在眼神、语气乃至肢体语言上的。全身心接纳孩子是信任的基础，会让孩子有底气，变得更加自信。孩子是一个独立的个体，与父母的个性可能完全不同，不是我们的副卡也不是我们的复本。我们需要给予他们信心和尊重。只有被充分信任时，孩子才会勇于尝试，逐渐产生自我完善的动力和坚定踏实的信心。

父母还要知道，无论自己能做多少事，孩子终有一天会面临独自选择的时刻。他们是迷茫无措还是自信笃定，完全取决于童年是否被信任，被赋予选择的权利。就像有些专家所建议的："在非原则性的问题上，与其和孩子争执周旋，不如放下试图控制的心，让孩子学会自主选择，同时勇于承担后果，而不是替他做选择。给予孩子坚定的信心，是教育最重要的一环。它可以帮助孩子建立完善的自我认知，更愿意精进自己擅长的领域。即便遇到困难或挑战，也有乐观积极的态度和不断完善的勇气。"

父母之爱要像柔和的光

把孩子培养成人格健全、积极上进、自强自立、自知自信的人不容易，需要我们拿出真正的爱。

成长需要时间，每个孩子的发展都有自己的过程。给他们多一些时间和空间，多一些等待和理解，让他们以自己的步调和方式探索，逐步累积和成长，才是最好的成长方式，也是父母对孩子最好的支持。

好的父母之爱，应该是恰如其分的，就像柔和的光，让孩子时刻感受到温柔与温暖。我们爱孩子，因为爱是他们本来就应得的。我们在孩子幼年期就要时时检视自己，少些非爱行为，少走弯路，少给孩子留下不良影响。我们给孩子真正的爱，他们才能积累足够的内心能量，一路无所畏惧，披荆斩棘，勇敢追梦。

童年期的奠基

  小学六年时光使童年期颇显漫长,但其实孩子的童年很短,短暂到很多父母刚刚找到育儿的感觉,孩子就要上中学了。

  童年期除了让孩子充分体验世界,了解自我,还要帮孩子养成好习惯,如认真听讲、按时完成作业、自主学习的习惯,管理时间、培养兴趣、遵守规则的习惯,诚恳待人、勤恳做事、热爱劳动的习惯。童年期有了好习惯,到了中学阶段就不会遭遇太大的挫折,慢慢显出优势。

  我们此时要多关注孩子的习惯养成,而非一时的成绩好坏,给孩子恰当的激励和适当的扶持,让孩子尝到自律、自立、自学的甜头,愉快地度过学校生活。

  童年期的习惯养成是指向未来、终身受益的,与理想的产生、梦想的追寻息息相关。我们怀着一颗宽容而坚定的心鼓励孩子做自己,童年之光势必会照亮即将到来的青春。

重新认识"儿童"的内涵

> 儿童是一个怎样的存在?
> 儿童是缩小版大人,还是各方面都未发育完全的"半人"?
> 我们该如何看待儿童?如何给他们适合的教育?

每到儿童节,很多学校会举行各种庆祝活动,媒体也会呼吁关爱儿童,把童年还给儿童等。这些做法与呼吁都很有现实意义,毕竟关注儿童就是关注未来,对待儿童的态度与教育儿童的方式往往反映了一个社会的文明程度。

但从屡屡见诸报端的新闻报道来看,当下一些教育者还需要深入思考"儿童"二字的含义,更有必要深入了解儿童的身心发展规律。就像 2019 年 5 月有媒体报道的,一个孩子在学校犯了错,母亲为了"教育"孩子,让他只穿内裤在大街上罚站。有的父母让上幼儿园的孩子认识时间,怎样教都不会,便认为其智商有问题。有的父母遇到大街上有小丑派发气球，让孩子去领，见孩子害怕便认为他胆小，鼓励他勇敢一点再勇敢一点……家长这些做法其实都不可取，没有把握住儿童的身心特点。

以幼儿害怕小丑为例，这本是一种正常的心理现象，因为此时的幼儿对语言还不是很敏感，但对他人的表情则能完美捕捉，进而猜测到对方的态度和用意。他们无法分辨小丑脸上的表情，获取不到准确的情感信息，因而产生恐惧心理，到了五六岁之后自然会有改观。此时鼓励孩子勇敢，不但没什么效果，反而可能会增加孩子的心理阴影。

我家老二两岁时，想做任何事都会看我的脸色，如果从我脸上读出高兴、快乐的情绪，就会主动说出来；如果看我皱眉、眼神阴郁，则会说"爸爸生气"，就不提出自己的要求了；如果我一脸平静，他读不出我的心理活动，猜不到我在想什么，就会犹豫，离开一会儿再回来看我，再决定做什么。孩子自婴幼儿时就有读懂表情的能力，他们能读懂我们，我们更要读懂他们。

儿童生气或愤怒也有着各种各样的原因，有时是情绪发泄，有时则出于模仿他人，作为父母，要有清楚的判断，不能随意给孩子扣上"不乖""不听话"的帽子，动辄挥舞道德的大棒予以批评。从现实的角度来看，给孩子高品质的家庭教育，构建融洽的亲子关系，都离不开对儿童不同阶段身心发展规律的认知，都需要父母了解包括皮亚杰儿童认知发展理论、埃里克森自我同一性在内的多种教育理论常识，并熟练运用到日常的生活中，由此才有可能成为合格的教育者。

儿童是内心单纯的存在，也是一面镜子，映照出成人身上的种种不足。儿童是教育的对象，也是成人的灵感之源，做不到对儿童的认知、心理、学习发展规律有所把握,无论是家庭教育还是学校教育,都很可能变成空中楼阁,育人效果适得其反。我们只有以虚心的姿态重新审视儿童,将其不同阶段的不同教育方式牢记于心,多读一点儿童心理学、认知学、教育学等方面的书籍,才能更好地陪伴他们,给予他们不同发展关键期的有效帮助。实际上,心理学领域有很多有意思的现象,如南风效应、罗森塔尔效应、标签效应、德西效应、禁果效应等,都可以延伸为有价值的教育研究命题。

而且,孩子在不同的成长阶段有不同的情绪表达方式、不同的教育需求,这就倒逼教育者,不管是教育理念还是教育方法都要与时俱进,与真正需求对接。从幼年、儿童到进入青春期,孩子的成长变化都考验着教育者对教育规律的了解,也对其情绪管理、沟通技巧和自身学识提出了更高的要求。

站在家庭的角度,我们可以大致进行如下的梳理:学前六年是孩子与家人建立依恋关系的关键期,父母需要拿出时间陪伴孩子,一起玩,一起阅读,一起看世界,创造轻松的生活环境。小学六年是孩子心性发展、学习习惯养成的关键期,父母在陪伴孩子的同时,需要注意培养其良好的行为习惯和基本的待人接物能力,并帮助孩子发展自己的兴趣与特长。到了中学阶段,孩子进入了青春期,处于学习力、自制力、情绪管理和价值观养成的关键期,父母需要帮助孩子找到学习的动力、生活的乐趣、前行的勇气、人生的方向,有意识地和他们一起面对逆境,成为孩子心灵上的有力支持者。

每个孩子的成长都不是一帆风顺的,都需要成人的有效帮助。父母有必要重新看待孩子,重新认识"儿童"二字的深刻含义,以此作为走近儿童的起点，了解童心，做一个懂儿童的教育者。由此，每颗童心才可能被更好地善待，才可能被欣赏，亲子之间也才可能在彼此珍视中共同成长。

◀ 童年之于人生有着怎样的意义

> 童年是什么？有多重要？
>
> 为什么说"幸福的童年治愈一生，不幸的童年需要一生去治愈"？
>
> 我们如何给孩子一个幸福的童年？

上小学三年级的哲哲看完微电影《不老的爸爸》后，写了一篇观后感。文章的最后一段话着实打动了我——

"电影里，儿子没说多爱爸爸，但我知道，那个儿子很爱他的爸爸，就像我很爱我的爸爸一样。爸爸的爱像阳光一样洒满我的童年，我的童年没有雾霾，每天都阳光灿烂。虽然爸爸总有一天会老去，但他在我的心里永远不会老。"

哲哲上高中后，有一天告诉我他的梦想是成为一名插画师，过一种每天能画画的生活。我当即支持他的想法，鼓励他勇敢去追梦。过了一会儿，他很感慨地对我说："爸爸，我觉得做你的孩子很幸福。"这话让我也很感动。我欣慰陪伴他走过了一个不压抑的童年，更欣慰我所有的付出都有了很好的回报。

童年，是阳光灿烂还是遍布阴霾，的确对一个人的一生有着难以估量的影响。在翻看武志红的系列作品，如《为何家会伤人》《拥有一个你说了算的人生》《愿你拥有被爱照亮的生命》时，我能明显感受到原生家庭对孩子童年的巨大影响。许多父母由于时代背景、经济条件和自身局限，没能呵护好孩子的童年。如果父母能有所觉察，及时改变，多关照孩子的心灵成长，许多悲剧或不幸都可以避免，也无疑会成就更多的精彩人生。

童年之所以很重要，是因为童年期是一个人心性养成的关键期，其为人处世的模式，思考解决问题的方式，都在这一阶段形成并固化。如果没有很好的觉知和改变意识，成年以后往往会延续童年时的做法与经验，所以作家曹文轩说"一个人永远走不出他的童年"。很多时候，我们的确要么怀着童年的美好记忆向光而行，要么沉浸在童年的阴影里难以自拔，在为人处世上常常因循着童年的认知与经验却不自知。

因此，从既有的思维惯性中跳脱出来，回望自己的童年经历，从中尽可能汲取成长过程中的积极经验，同时主动去觉知并摒弃原生家庭在教育理念与方式上的不足，有助于我们成为更为合格的父母，也有助于给予孩子幸福的童年。

父辈的童年蕴藏着教育财富

我的童年，处于物资相对匮乏的20世纪80年代。忆起儿时生活，脑海中浮现的往往是父母在田间劳作，为生活而奔波的身影。和许多农村长大的孩子一样，我没有机会像今天的孩子一样，接受优质的家庭教育。

但这种近乎散养的方式，却另辟蹊径地给予我广阔的自由空间，让我的心灵没有受到压抑。在池塘边钓虾，在河沟里摸鱼，在农田里插秧、除草、收获，一个人在田野里远望、遐想、发呆，都让我与大自然有了紧密的联结，内心有一种天然的满足感，以至于在以后的工作生活中即使有许多不如意，也不至于轻易心理崩溃。

很显然，很多孩子和哲哲一样，在中国城镇化的大洪流下，生在城市，长在城市，没有遭受过缺衣少食的苦，但也很少深入大自然，一下午坐在河边或待在树上想心事，静心感受四季的悄然轮转，生命万物的各自生长。这是哲哲这一代人的幸运，也是他们的不幸。作为父母，我们尽管无法改变大局，但也应该有意识地让孩子跟大自然建立更多的联结。如果有机会，多带孩子到一望无际的田野、有微风拂过的乡村去转一转；也可以带他们回到父母童年生活的地方，感受父辈的生活方式。

父母的童年经历，是下一代所无法经历或复制的，对于家庭而言，这是一笔宝贵的教育财富，是家庭的根系所在。当孩子还小时，他们可能还不能完全理解祖辈、父辈的童年生活，但等到他们为人父母，有了一定的社会经验后，再回顾这一段经历，也许就能解开自己身上的某些密码。他们读懂了父母，这便是长大成人的标志。

汲取原生家庭的好，摒弃原生家庭的坏

主动完成两代人的童年对接，只是第一步。

成为父亲之后，我除了每年暑假带哲哲回一次我的老家，带他玩我小时候玩过的摸鱼、钓虾、粘蜻蜓、做弓箭、玩泥呱呱等游戏，让他体验一下我的童年生活，也试着全面了解我的父辈的童年经历，从中反思他们的童年与他们现在之间的联系，他们为什么会给我这样而不是那样的教养，以及这种教养方式的优与劣。

这种追根溯源、比对分析，一方面让我认识到了我的原生家庭的优点，比如我的父母都勤勤恳恳，努力为了这个家的美好未来而忙碌，注重对孩子为人处世的教育，对诚信、礼貌等像对学业一样重视。另一方面，我也发现了父母身上的某些不足，如他们虽然也爱我，但受生活的重担所压，他们很少有时间陪我玩。同时，他们羞于表达，更很少有一些肢体上的亲近动作。

随着哲哲渐渐长大，我一有时间就带小家伙出去玩，参加各种活动。从哲哲不到两岁开始，我就每天给他读半小时左右的图画书。记得小学四年级开学前，哲哲要去姥姥家，临行前给我写了一张字条，他郑重其事地将字条交到我手里，并要求我现场阅读，只见上面写着："爸爸，谢谢你每天给我读故事，每天陪我玩，你是好爸爸。"落款是"哲哲爱爸爸"。

三代人的童年看似不相同，但能窥见共同的东西，从中能找到家庭教育的密码。我总觉得，每个人都会受到原生家庭的很大影响，原生家庭会在我们的气质、行为方式上留下很多印记，但不会完全决定我们的

未来，我们是可以跳出来的。而今，我越来越相信，对于那些有争议的父母教养方法，对于那些不好的家庭传统或习惯，与其抱怨，不如坦然接纳，汲取原生家庭中的积极因素，同时摒弃不合时宜的那部分，这样才能给予下一代适宜的家庭教育，守护好孩子的童年。

回到童年，再出发

成为称职的父母不容易，这是一个充满挑战的课题。

当下的孩子与我们那一代相比，成长环境截然不同。像我父母一样的散养模式固然有很多风险，而像某些专家所言的直升机式育儿、"狼爸虎妈"式家教，弊病也很多。那么，如何找到我们的育儿节奏，给予孩子适合的教育？这就需要我们回到童年，把自己当作孩子的朋友与伙伴，与孩子共同享受成长的快乐，把握住孩子成长的大方向，帮助他形成正确的"三观"，做到内心平衡，人格完善，社交有方法，与人与事和谐相处。

换句话说，在陪伴孩子成长的同时，我们还应该拉近亲子关系，注重孩子德智体美劳的全面发展；还要从实际出发，不随波逐流，不焦虑不推卸责任，在把握教育基本常识与规律的同时，牢记先哲的教育箴言——因材施教，寓教于乐，教学相长。

孩子成长中注定要面对的事情，如对自我能力的觉察，永远需要他们自己去探索，别人代替不了。我们要做的是不把自己当成孩子的主宰，多支持孩子的兴趣爱好，做孩子童年的庇佑者，自觉成为孩子真心信赖、依靠的人。这种自觉既包括帮助孩子养成好的习惯，让他们找到成长动力，知道世界之大，也包括不被自己的负面情绪所困扰。

我们要多站在儿童的立场看待他们，多用童年的视角看待对孩子的教育，这有助于孩子拥有一个多姿多彩的童年，为他们打好精神底色。尽管孩子能否变得优秀，有其他许多始料未及的因素，如互联网、手机游戏、同伴关系等，但很大程度上取决于父母的教育理念、教育定力。

没有人天生会做父母，如果能从自己的童年汲取养分以丰富孩子的童年生活，亲子之间彼此珍视、共同成长，那么孩子的未来肯定错不了，我们也更有可能成为名副其实的好父母。

男孩的情绪管理难题

> 男孩想哭时,要不要强行"憋回去"?
>
> 让孩子想哭就哭,是过于纵容吗?
>
> 父母该如何引导孩子表达情感、发泄情绪?

生活中,我发现身边不少父母喜欢谆谆告诫自家的小男生:"男子汉要勇敢坚强""动不动就哭鼻子很丢脸""不要向别人说这说那""男孩的感情要内敛"……

从我的切身经验来看,应该尊重孩子天性,鼓励他们自由表达情感,这也有助于增进亲子关系。

哭泣不过是情感表达的一种方式,不是错误行为。情绪到了,孩子想哭就让他哭出来,没必要苛责批评。与其不让孩子哭鼻子,不如关注孩子能否正确表达情感,如果能,他就是符合儿童身心成长规律的,做到了健康成长。

在哲哲身上，我就发现了十足的"小棉袄"特征。他五岁时，一次我带他到小区里骑车，他让我在后面推一把，好加速得更快一些。没想到，我用力过猛，他一下子摔倒了，磕破了嘴角。去医院看过后，医生说刚出的下牙没有磕坏，问题不大。后来，我问他："如果磕坏了新牙，你会不会怪爸爸？""不会。""为什么呢？""因为，因为你是我爸爸。"那一刻，我真是眼含泪花，差一点感动得哭出来。

男孩也可以尽情表达情感

哲哲能说出如此暖人的话，现在想来，与我们从小鼓励他表达自己的情感、不刻意收敛情绪有关。在陪伴他的过程中，我和哲哲妈都不觉得男孩必须这样、不能那样，比如不能哭鼻子，只能笑对一切。作为一个纯真的个体，孩子就该尽情表达，不必太在意社会的各种偏见与陋俗，更不必将过时的传统放在心上。

而且，在幼儿期，男孩与女孩并没有太大分别，都有情感表达的需要，因此，"男孩必须当绅士、女孩必须当淑女"的规矩是毫无意义的。传统观念中的一些做法，如认为孩子不宜话多，用餐时不能讲话，也许是出于尊敬长辈的考虑，但显然有矫枉过正之嫌。

其实，语言表达也好，情感表露也好，都是一种必需的能力。尤其是进入信息社会后，人与人之间的沟通变得越来越频繁，情感表达是否到位，能否与人共情，影响到一个人的幸福感，反映了基本的情商与社交能力，需要家长格外重视。

学会表达情感，更是让孩子内心得到平衡的重要方式。很多抑郁症患者,一个很重要的特征就是无法与外界交流,不会或不敢表达自己的情感,久而久之就迷失在自我的世界里。作为父母,要抛弃"男孩就要忍,就要克制"的传统观念,丢掉社会所强加的性别标签,支持孩子大胆、大声地说出自己的喜怒哀乐。

父母要减少对性别的刻板印象

之所以要减少对性别的刻板印象,是因为时下许多家庭对孩子的性别偏见依然根深蒂固。有的父母不让自己的女儿参加球类运动,认为那是男孩的专属;他们接受女孩跳舞,但只限于芭蕾舞、民族舞,对于街舞、桑巴舞等却不太能接受。一些父母看不惯自家男娃玩过家家,认为男孩喜欢花花草草、做针线活、研究化妆品等,都是大忌。

问题并没有那么严重。从儿童认知发展角度来看,幼年和童年期是孩子探索世界的时期,这个时期的孩子对各种事物都充满好奇心,因此鼓励孩子做他想做的事,发现其中的乐趣和背后的原理,对孩子未来的成长很有帮助。

记得我小时候就对花花草草很感兴趣,但我的父母对我养花并不怎么支持。好在隔壁的老奶奶很支持我,我从她那里要了很多花籽,并在她的帮助下,学会了种花、施肥和管理。经过几天的努力,我种了一院子的花草,有对红、牵牛花、芍药、月季、高粱花、蚂蚁菜花等,从萌芽到破土,从开始一点点拔节,到百花齐放,看着让人满心欢喜,这些都成为我童年的美好回忆。

传统社会对于不同性别强加的角色标签,正随着人们观念的开放、经济的发展而发生改变。作为新时代的父母，大可不必守着传统的性别观念，应着眼于孩子的兴趣与潜能，鼓励孩子学会表达情感，支持孩子发展自己的爱好。

例如，有的孩子比较爱说，父母不妨让孩子多体验跟播音或说相声有关的活动，进一步激发他的表达热情，提升表达的能力。有的孩子如小时候的我一样，喜欢种植和养殖，那他没准真能在动手操作的过程中练就非凡的技能，成为专家。

宽松家庭环境更能给孩子安全感

认可孩子的特点，对孩子的兴趣和爱好给予充分支持，不仅能帮助他们进一步发展特长，也有助于他们接纳自己。

这一点在图画书《威廉的洋娃娃》中就有很好的体现。小男孩威廉喜欢洋娃娃，但他的父母和哥哥都不喜欢他这一点。唯有奶奶支持威廉，并满足了他的心愿，给他买了一个漂亮的洋娃娃。奶奶告诉家人这样做的原因：喜欢洋娃娃的孩子，知道怎么抱孩子，怎么喂孩子吃东西，慢慢就能学会做一个好爸爸。

所以，我们要改变对孩子尤其是男孩情感表达的传统认知，宽容地看待孩子的"不足"与"另类"，创造充满包容心、和谐沟通的环境，这样孩子会更有安全感、幸福感，更爱表达，更专注于自我，进而绽放更强大的生命力。

对于哲哲，我其实很少否定他的想法。遇到我觉得奇怪的事，就会问他这样做的原因是什么，他也很乐于跟我分享心里的话。总体来看，他幼儿园和小学的多数时间都很快乐。记得他上一年级时，有一次我偶然看到他的一道作业题，要求用"我爱……"造句，他写的是"我爱我的家"。

教育其实没有什么秘密，尊重孩子的天性，全身心接纳孩子，亲子之间明确地表达爱、交流爱，孩子就会更像孩子，家就会更像家，我们也更能感受到岁月静好。

怎样教孩子尊重异性

> 性别意识对孩子的成长有多重要?
> 都说男女有别,应该从何时起培养孩子的性别意识?
> 父母如何引导男孩有阳刚之气?

哲哲上小学一年级时,一天放学后,向我汇报班级的重大新闻:"我们班的王杉杉今天进了男厕所。""啊,王杉杉不是女生吗,这也太不像话了吧,你怎么看这事?""我怎么看?我也很好奇女厕所是什么样!""那你去女厕所看过吗?""没有!""真的没有?"小家伙嘿嘿一笑:"我只看了一眼。爸爸,你说女厕所也没有小便的地方,难道她们是尿在地上吗?"

那一刻,我突然感到进入小学后,哲哲不再像上幼儿园时那样懵懂,而是开始思考很多事情,对新鲜事物很感兴趣,慢慢开始对异性产生好奇心。站在孩子未来发展的角度,孩子如何看待异性,怎样与异性交流，能否把握好交往的度，能否尊重异性并得到异性的尊重，就显得非常重要。

小时候在这方面引导好了，长大后父母便少了很多麻烦，毕竟很多不良行为，最初都源于好奇心。

母亲是男孩生活中的第一位异性

网上有过这样一个段子：有人问一个小男孩将来想找什么样的老婆。男孩言之凿凿地回答，要找妈妈那样的。也有的男孩信誓旦旦地表示，要跟妈妈结婚。

孩子这些言语或认知背后蕴藏着很多教育秘密，我们不该一笑了之。以男孩为例，对女性的外在观感和内在认知，往往是从母亲那里获得的。窥一斑而知全豹，在男孩最初有限的生活空间里，母亲就是女性的代表，其仪表与行为在潜移默化中为孩子塑造着女性形象。因此，母亲平时在家里要注意自己的形象，尽量整洁端庄；不要觉得家里没外人，穿得随意一点没什么。

我经常提醒哲哲妈妈注意自己的言谈举止，从穿着打扮到日常作息，希望她知道有个小男孩始终在观察她，所以无论在哪里都要有淑女的样子，不能不注意仪表、过于情绪化和小家子气。我这样做，不仅是希望哲哲妈和我一起提升家庭文化氛围，也是希望我俩能撑起哲哲的精神天空，在他心中留下健康安全的性别形象。

很多时候，不管我们承认不承认，男孩未来找女朋友，往往潜意识里会以母亲为参照。男孩子如果与父亲更亲密，往往会更阳刚，更有勇气和力量；母亲则赋予孩子坚韧、包容等品质。母亲要有意识地树立一个积极的女性形象，让孩子长大后的择偶观更加健康。

尊重女性应成为父亲的自觉行为

父亲怎么对待母亲，为孩子树立了如何对待异性的表率。

有段时间，由于工作压力比较大，我对哲哲妈不够关心，偶尔还会吵架。后来，我发现哲哲生气时也会对妈妈大吼大叫。一开始我没有意识到这是自己行为造成的后果，后来还是哲哲妈指了出来。

从那开始，我不断提醒自己，即使非常生气也不能使用语言暴力，要控制自己，冷静之后再沟通。神奇的是，之后，我和哲哲妈吵架的次数越来越少，反而有了相濡以沫的感觉。

有一次，我和一位朋友聊天。对方告诉我，我们中国人一般没有宗教信仰，很多心里话都是对伴侣倾诉的，某种程度上你的另一半就是你的神。这话听起来有点夸张，却有深刻的道理。

我们也许不必将另一半当作神明，但对另一半的尊重与关心应是发自内心的。网上流行过一句话，"一定要对能接触你牙刷的人好一点"，说的似乎也是这个道理。而且，那些幸福和睦的家庭，一定是拥有良好夫妻关系的。好的夫妻关系是好的亲子关系的基石，能为孩子带来积极而长久的影响。

夫妻关系和亲子关系的本质相同，都是相互成就的。父母是孩子的榜样，父亲怎么对待母亲，孩子就会怎样对待其他女生，尤其是未来的另一半。

培养性别意识,越早越好

性别教育也好,尊重女性也好,在我看来,都宜早不宜迟,身教重于言传。

与识字敏感期、阅读关键期等一样,性别教育也是有关键期的,错过了,纠偏就会很难。网络上报道过一些男孩有各种怪异行为,如羞于与女性交谈,认为女性低人一等,对女性物品过于好奇,对女性有暴力倾向等,都是因为小时候没有得到有效引导。

幼年时期孩子主要是通过模仿来学习的。父母应该意识到这一点,夫妻之间既不冷漠隔阂,也不过于亲密。以我个人的经验来看,父母之间经常轻轻一吻或适当拥抱,不是什么坏事,彼此感到舒服就好。如果亲吻时间过长,则显得不合时宜,容易对孩子造成误导。行为上保持一定的度,认知上也要帮助孩子掌握好度。例如,男孩心中的女性形象不该是母老虎型的,也不应是无助的弱者,而应是温柔而坚强、自信而独立、优雅而淡定、包容而大度的善与美的化身。

记得小学二年级给哲哲讲《中华民族奇幻故事集》时,其中有一本讲的是我国55个少数民族的故事。哲哲对俄罗斯族的故事记忆深刻,问及原因,他告诉我"这个故事很浪漫"。让他用浪漫造一个句子,他回答:"爸爸和妈妈结婚的时候一定很浪漫。"

有学者表示,女性的社会地位,代表了一个国家或民族的发展程度;社会对待女性的态度,反映了一个国家或民族的文明程度。尊重女性,不妨从父亲开始,从孩子幼年开始。尊重女性,营造和谐家庭,助力孩子成长,亦是提倡文明风尚,何乐而不为?

孩子爱打小报告怎么办

> 打小报告好不好？
>
> 怎么看待孩子打小报告的行为？
>
> 如何引导孩子明辨是非，坦荡做人？

哲哲小学二年级时，被安排为某科课代表。

有一天，他的情绪特别高涨。我跟他开玩笑："课代表同学，今儿个你怎么这么高兴啊？""因为啊，今天老师让我监督别人了……"他一口气说了一长串名字，"这几个人在楼道里大声说话，还追跑打闹，我发现了，报告了老师"。"那老师批评他们了吗？""当然批评了。""你感觉怎么样？""嗯，挺好的。""怎么好呢？""这样他们就怕我了。"

随后那几天，我一直困惑：拥有权力对于一个小学生来说，是好事还是坏事？孩子爱打小报告，父母该如何应对呢？

打小报告也分年龄

从我对哲哲的观察来看，打小报告是每个孩子都一度感兴趣的事，父母不能一概直接"灭掉"，而是要"分龄"对待。

实际上，在幼儿园阶段，哲哲就经常向我们告状，哪个同学掐了他一下，哪个公认的好学生吃饭时掉饭粒，老师哪天表扬了谁批评了谁，反正都是幼儿园里他认为的新鲜事。

幼儿打小报告是一种正常现象，其中既有沟通的诉求，也有表达的欲望。由于老师不可能照顾到每个孩子，当幼儿受委屈或想表现却被无视时，自身又无力解决，只能求助于成人。此时打小报告，更多的是一种自我保护行为。作为父母，不应该责备他们，而是要及时回应他们的心理需求，一起积极解决问题。

但当孩子上小学后，逐渐进入青春期，打小报告就有了更多复杂的动机，如获取较高地位、赢得存在感、占得竞争先机等。这时候，我们就要了解事情的来龙去脉，有意识地帮助孩子正确与同伴交往。需要注意的是，处理来自孩子的小报告，是非常考验耐心的。区分打小报告是善意的还是别有动机的，也很考验教育者的智慧。

尤其是现在许多家庭有两个孩子，孩子之间也会经常告状。不问青红皂白，各打五十大板，显然属于不妥当的处理方式。父母更应该帮助孩子在冲突中换位思考，学会与他人友好相处。

"告状"与"告诉"不一样

如果孩子专门喜欢"背地里操作",那么父母该怎么办?

作家南桥在一篇文章中分享了一个故事。一天,他去看儿子的足球比赛。虽然儿子很努力,但还是输了比赛。赛后,儿子告诉南桥,输球是因为对方总犯规。对此,有的家长可能会搂不住火,去找裁判讲理。就在这个时候,南桥的女儿在边上说,这种行为叫打小报告,最好不要这样做。正确的做法是,比赛时直视犯规者,警告对方不能再这样。

一个是具有警示意味的当面告诉,一个是对方不知情的背后告状,两者其实有着很大的区别。现实中,告状不过是找一个情绪发泄的渠道而已,往往并不能真正解决问题。而告诉是直截了当表明自己的态度,彰显了自信的人格特征,具有较强的现实效力,相对而言更值得孩子去试一试。

我的建议是,父母最好不要鼓励孩子背后告状,而应让孩子首先表明立场和态度,然后再适当采取措施。一些专家解决校园霸凌,也说要立场鲜明、态度果断。

我记得哲哲上小学三年级时,一天放学后表现出很恐惧的样子,一问才知道是一名高年级女生对他撂了句狠话,把哲哲吓到了。后来,我让哲哲找到那个女生,问清楚她的真实意思,我在一旁给他助威。结果,女生说是开玩笑,没想到吓到弟弟了,还郑重道了歉。一番交流后,哲哲放下恐惧,脸上又有了笑容。

教孩子坦坦荡荡做人

很多时候,告状之所以效果有限,主要是因为借助了第三方的力量,而第三方往往由于个人情感偏好、掌握信息不全、处理方式不当等,很难从根本上解决问题。

如果孩子习惯一遇到问题就以告状或告密的形式打小报告,那么他的同学关系、师生关系、朋友关系往往都是糟糕的。孩子与他人互不信任,未来就很难坦诚地面对他人,无形中就会降低孩子的幸福感。

作为父母,应该立场鲜明地反对孩子过多打小报告,鼓励孩子遇到问题首先公开表明自己的态度和感受。如果孩子之间无法解决问题,父母再介入,但处理孩子之间问题时要就事论事、公平公正,在解决问题的同时教育引导孩子,而且要为孩子保密。

我曾看过一部名叫《真相至上》(Nothing But the Truth)的电影,讲的是一位女记者从一个孩子那里获得一条大新闻,新闻发布后她受到巨大的压力,乃至陷入牢狱之灾。但她始终没有把新闻源说出来,只因她有着强烈的保护孩子秘密的信念。

教育,重在培养一个人健全、宽容、有魅力的人格。为人父母,有责任引导孩子不以打小报告为乐,培养孩子豁达高尚的情操,老老实实做事,坦坦荡荡做人。

做孩子心目中的大英雄

> 父母对于孩子的心灵塑造有多重要?
> 在孩子面前,我们必须保持坚强吗?
> 当父母感到无力时,可以在孩子面前表现出来吗?

2020年春节期间,新型冠状病毒肺炎疫情暴发,我老家也出现了确诊病例,我和老婆不得不早早从老家开车返回北京。上高速路前,有穿着防护服的人和交警登记信息,测量体温;进入服务区时,每个人都戴着口罩,面色凝重。离北京越近,检查次数越多,如临大敌一般。

一番折腾到家后,哲哲表扬我一路冷静,让全家很有安全感。其实,我也很担心疫情,只不过没有过分表露出焦虑。而且我知道自己是家里的顶梁柱,任何时候都不能退缩,不管遇到什么样的困难,我都告诉自己坚强面对,让全家人有信心度过各种危机,做孩子成长的支撑,做他们生命中的大英雄。

哲哲说：你是我的勇气

之所以有这一认知，跟哲哲小时候的一次经历有关。

十多年前的一天晚上，我带哲哲去外面跑步，那天没有月亮，小区里比较黑。我和他开玩笑故意躲了起来。发现我不见了，小家伙有点着急，大声喊"爸爸"；见没有人答应，就略带哭腔地喊我的名字；依然没见答应就开始往前跑。这时，我从角落里跳出来，本以为会让哲哲惊喜，没想到被他的小拳头打了一通。等他情绪好转后，我问："你一个人害怕了？""嗯。""那么我在你身边，你还怕不怕？""不怕！""为什么？""因为，因为你是我的勇气。"那一刻，我坚信父母尤其是父亲，是孩子的勇气之源，能给予孩子很重要的安全感。我们要珍惜这份信任，努力为孩子注入更多的勇气。

这一点，我从与我父亲的关系中也有所体认。尽管我算不上是一个多有勇气的人，但有父亲在，哪怕不住在一起，我都觉得世界安好。我也曾听一位朋友说过自己的切身体验，他说自己上中学时父亲就去世了。得知父亲去世的那一瞬间，他感觉天一下子塌了，自己所有的努力都变得没有了意义，他当时甚至不知道自己该如何活下去。而今他各方面都不错，可无意间还是会吐露父亲不在的遗憾。

父亲健在，我们都应努力做好与父亲的联结，好好关心父亲，从逐渐变老的父亲身上汲取更多的人生智慧与超越自我的勇气。孩子还小，我们也要勇于担起父亲的责任，保护好孩子，让他们不畏挑战，充满信心地前行。

勇气的另一面：坦然面对

然而，父亲的"勇气"往往不被理解甚至被鄙视，因为孩子对于勇气的理解是因时而异的，存在意义传递上的波峰与波谷。少年时、青年时、成家立业时，我们对父亲这一概念有着不同的理解。

就像当年我考上大学后，对父亲一直守在农村有点不理解，其中还有一丝不屑，觉得他过于老实，没什么出息，我将来会比他强一千倍一万倍。后来，父亲患了糖尿病，病情慢慢恶化，最后双目失明，但每次回家看他，他都愿意和我聊天，生活态度十分乐观。坦率地说，换作是我，我很难做到这一点，肯定无法接受自己看不到大千世界的命运。仅从这一点，我就非常佩服父亲。除此之外，父亲身上还有很多值得我学习的优点，我每天都会给他打电话，向他求教，祝福他健康，也希望从他那里获取更多宝贵的人生经验。

人生很多时候是一个轮回。现在的我越来越觉得，也许我们在某一段时间也会被孩子瞧不上，我们也有无能为力的时候。但我们不需要刻意回避，也不必觉得在孩子面前承认自己做不到一些事多么丢人，有损身为父亲的权威与伟岸形象。其实，家庭教育很重要的一条即是"求真"，亲子之间真实、真诚相待，便是很好的教育方式。掩饰反而会产生不好的效果，毕竟孩子有很强的洞察力，父母在他们眼中几乎是透明的。做真实的自己能给孩子树立一个好榜样，让他们更加勇敢。

父母的努力是最好的教育示范

需要说明的是,承认自己无能为力并不是放弃在生活中努力奋进的理由。很多父亲到了一定阶段后开始追求享乐,对孩子要求高,对自己要求低,其间的落差往往会造成不少家庭矛盾。

也许有人认为自己是自己,孩子是孩子。孩子未来如何,看他们自己的造化。但无数事实证明,父母的处世态度、生活方式会对孩子产生全方位的终身影响。因此,无论从哪个角度看,为人父母都不能停下奋斗的脚步。这不仅是为孩子标注一个起点,也是给孩子上了一节特别重要的人生课。

十年前,我决定读博,每天学到很晚。哲哲看在眼里,经常拿本书坐在我旁边安静地看。两年前,我决定好好学习外语,每天听英文、背单词,和哲哲妈用英语对话,哲哲很惊讶也很佩服,在学业上也非常努力。我做这些,是有自己的想法与追求,不是为了哲哲怎样,不是装给他看。如果一定要说有什么意图,无非是希望他也能心中有梦,努力做最好的自己,勇敢地去追求自己想要的生活,即使失败也不留遗憾。

时光飞逝,孩子转眼就长大了。孩子是我们的宝贵财富,我们也是孩子的财富;我们以变化的眼光看待孩子,孩子也会如此这般看待我们。亲子之间相互珍惜,彼此鼓励,勇气、担当、自信等品质就会慢慢在孩子心里生长。我们不仅会再次成为孩子心目中的大英雄,也将收获有意义的人生,让孩子对父辈的勇气有更深的体悟,最终像我们一样努力做最好的自己。

如何让孩子养成终身阅读的习惯

> 小时候爱看书的孩子,为什么长大后就不爱看了?
>
> 父母爱读书,孩子自然就会成为终身阅读爱好者吗?
>
> 如何才能让孩子保持对好书的渴望?

很多父母希望孩子一辈子与书为友,但往往不明白,为什么小时候那么爱看书的孩子,长大后却慢慢对书籍敬而远之,失去了阅读的热情?明明父母经常读书,做了很好的榜样,为何孩子却不喜欢看书?进入小学高年级的孩子,按理说越来越明白事理,知道阅读很重要,能提高学习成绩,为何在书与电子设备之间毅然选择了后者?问题到底出在哪儿?

阅读习惯是会倒退的

我就有这种困惑。哲哲刚上小学的时候,我们秉承自然成长的理念，没让他上什么课外班。业余时间除了运动，他都用来看各种童书，从儿童文学到科普，从虚构类到非虚构类，几乎读了一个遍，尤其是对昆虫类书籍爱不释手。看他每天捧着一本书读，我以为他已然是一名真正的读者了。

但是，升入小学高年级，尤其是进入初中后，哲哲的功课一下子变多，应试压力加大，每天学到很晚，几乎没有时间阅读。由此带来的结果是，一有闲暇时间，他更愿意看电影、踢足球、玩网游来放松身心，虽然我常在周末或假日要求他和我一起看书，但明显能感觉到他阅读的热情在一点点减少。

我慢慢意识到，学业的压力、阅读时间的缺乏和阅读激情的退去，使得哲哲慢慢少了阅读的心境。究其根本，是我在培养哲哲阅读习惯上，少给他上了重要一课，那就是如何在时间有限的条件下，排除外界的干扰，坚持自己的阅读节奏。

换言之，在哲哲的童年时期，我让他感受到了阅读的美好，享受了阅读的快乐，却没有教会他如何科学规划时间，安排好阅读与学业、阅读与休闲的时间；也没有教会他如何正确对待阅读路上遇到的阻力，且突破阻力忙里偷闲地读书。

的确，成为终身读者没那么容易，让阅读变得像水和空气一样，融入生活日常，不是三年五年的事，有时候还会出现倒退。美国教师唐娜琳·米勒在《书语者》中就道出了自己的困惑。她以身示范，花费一年多时间，让班里的孩子爱上阅读；但一旦离开她的班级，不少孩子就不再痴迷读书，读书量也持续减少。

和孩子成为书友

对此,我们也应反思:培养终身读者,除了给孩子买书,继续亲子共读,还需要做很多功课,尤其是在孩子面临的诱惑越来越多、学习压力持续加大、社会整体阅读大氛围不佳的现实下。在一些地方,社会层面的阅读氛围不理想,学校教育对于阅读支持不够,家庭范围内的阅读常常孤军奋战。而且,随着孩子年龄的增长,会越来越多受到同伴的影响,同学与朋友是更爱看书还是更痴迷网游,彼此之间是聊书还是聊明星八卦,都决定着孩子未来能否成为终身读者。

面对种种逆境,我们要坚信阅读的力量,不管外界如何变化,始终把阅读作为重要的教育内容,和孩子继续读下去,读更多经典之作。不管其他同龄人读不读书,都要让孩子自己持之以恒,把阅读作为一种生活方式,假以时日便会发现阅读的效果。同时,遵循阅读规律,家长心中要有分级阅读、学科阅读、经典阅读的概念,从幼儿园、小学到中学,按照从图画书、桥梁书、儿童文学、历史书、科普书、传统文化书、动物小说、漫画书,再到哲学书、侦探小说、地理书、艺术书的大致次序,和孩子一起做好读书的大致规划。

但凡真正的终身读者,一定会在尊重阅读规律的基础上,有明晰的阅读规划,每天都留出阅读时间,即使只有几分钟。我们给孩子提供好的阅读环境和条件,陪伴孩子阅读的同时,也要牢记培养终身阅读习惯的重要方法:多和孩子聊书,以读者与读者的关系,不断让孩子享受阅读的美好。英国儿童文学作家艾登·钱伯斯说过,"讨论在阅读过程中确实扮演着核心角色"。当孩子缺少阅读伙伴,我们不妨去扮演这一角色。无论在孩子童年,还是少年、成年,多和孩子聊书,都能推动他们广泛阅读、深入阅读,让他们不会早早放弃阅读,与阅读习惯渐行渐远。亲子之间聊聊书,也能帮助孩子顺利度过青春期、成人初显期,慢慢成长为终身读者。

突破应试重围,才是坦途

哲哲初一下学期时,语文老师要求阅读老舍的《骆驼祥子》,因为考试要考。看他读得没那么认真,我也重读了一遍,然后和他聊对祥子、虎妞的看法,聊老舍的作品和人生经历,聊我读研时听老舍儿子舒乙上课的感触。为了帮助他理解这部小说,我还帮他设计了思维导图,让他对作家的创作方法和作品架构有了初步的了解。

因为聊得开心,他转而开始阅读老舍其他的书,更全面、系统地了解了这位当代文学大家。慢慢地,我似乎又看到了当初那个爱思考的小书虫。也许有的父母认为自己没有这方面的专业知识,帮不上忙。实际上,最重要的不是聊的内容,而是聊的形式。我们的经历和感悟更能影响孩子,给他们带来潜移默化的积极影响。

帮助孩子成为终身读者,除了和孩子多聊书,我们还要记住一个重要的阅读规律:"引人入胜地输入"。孩子在童年时已经形成一定的阅读品位,因而有选择书籍的能力,能够选择符合自身需要并适合自己阅读能力的书,并不断在阅读中获得正向反馈。这样就能使阅读实现良性循环,让阅读更持久,也能更好地融入生活,由此产生继续阅读的惯性。如果父母有一定的阅读能力,也可以与学校语文教材相结合,从教材中选择励志的作家作品，并由此拓展开来。这样做既有助于孩子更加熟悉教材，提高语文学习成绩；也有利于提升孩子的阅读层次，让优秀作家作品伴随孩子顺利度过童年期、青春期。

以我的亲子共读经历来看，小学三、四年级和初中一、二年级是重要的阅读阶段。小学三、四年级，孩子的阅读兴趣开始分化，逐渐形成自己的阅读品位；初中一、二年级则成为是否继续读书的分水岭——能否突破应试的重围，在巨大的压力下依然保持阅读习惯。这考验着我们的智慧，也在某种程度上决定着孩子的未来。想要突破应试的重围，父母和孩子就要互相激励，遇到有可能产生的问题，如缺乏阅读时间、同伴影响等，正确面对，并坚定阅读的信念，把阅读作为一种生活或休闲方式，像与智者聊天一样，而不把读书当成负担。

既有心理上的准备，又有行动上的坚持，才算突破了阅读道路上的障碍。过得了这一关，未来便是坦途，孩子将慢慢成为不待扬鞭自奋蹄的终身读者。

传统节日里有丰富的教育资源

> 传统节日蕴含着怎样的教育资源?
>
> 每逢节日胖三斤,能否变成"每逢节日爱学习"?
>
> 节日背后有哪些故事,能否促进孩子身心成长?

小时候,我比较淘气,常常弄得浑身脏兮兮的,被长辈们笑称"跟灶王爷似的"。当时我并不理解这话是什么意思,直到有一年的春节前,爸爸给我讲了小年、大年的区别与来历,才知道为什么大人说我像灶王爷,也知道了灶王爷与老百姓的关系,及其所承载的驱邪、避灾、祈福等美好愿望。

等到我成为爸爸后,每逢重要的传统节日,我都习惯给逐渐长大的哲哲讲讲我小时候过节的情景,说一说某些传统节日的由来,背后有哪些好玩的故事等,讲着讲着就与自己的童年体验对接起来,发现过节不只是吃吃喝喝,还可以借机走进一座文化宝藏。我愈发坚信,有必要为孩子上好传统文化这堂课。

借节日为孩子做好传统文化启蒙

关于儿时的过年记忆，可谓期盼中夹杂着一丝恐惧。

期盼，是因为过年能吃到很多平时吃不到的东西，尤其是炸面糕，在物质不丰裕的年代，那可是孩子朝思暮想的美味佳肴；而恐惧，是因为大年初一一大早就要到所有的亲戚家拜年，这被内向的我视为畏途。

哲哲是00后，跟他讲这些，他理解不了。于是讲完拜年过程中我遇到的尴尬，20世纪80年代的经济状况与我们家的家史后，我在春节期间还会带着他去亲戚家逐一拜年，让他感受一下我当时的心情，体验体验老家的风俗传统。没想到，他反而希望我每年都带他去拜年，因为"拜年能交到新朋友，还能领到红包"。

过节时难得全家团圆，亲子之间除了享受天伦之乐外，还可以围绕传统文化、地方习俗、家风家训等，和孩子好好聊一聊，其实很有教育意义。传统节日的背后，是历史悠久的农耕文化，有丰富的教育资源，如应景的节日由来、习俗等，还有许多古代传说、民间故事。尤其是那些少数民族，大多保留着传统节日，如傣族的泼水节，蒙古族的那达慕大会，彝族的火把节，壮族的歌圩，苗族的跳花节等。了解这些，能帮助孩子对中国有更多的感性认识，更愿意亲近传统文化。

尽管随着时代变迁，许多传统习俗渐行渐远，一切删繁就简，但这不能成为我们忽视传统文化教育的借口。每逢重要传统节日，父母可以以讲述、行走或动手制作等多种方式，备好课，上好课，为孩子做好最初的传统文化启蒙。

传统节日有多种"打开方式"

"过年时,每个人都要说吉利话,不小心打碎了碗,不能说'打',而要借与'碎'同音的'岁',说一句'岁岁平安'。蒸的馒头如果裂了口,也不能说'裂'了,应说馒头'笑'了。"春节期间,我会给哲哲介绍一下有关习俗,也鼓励他和我一起贴对联、大扫除、做年糕、串亲戚、逛集市,为新的一年讨个好彩头,感受节日的氛围。

等他大一些,我还带他去祭祖坟,讲一讲我的爷爷奶奶即他的曾祖父母在世时的事情。一天忙下来,他觉得很有趣,蛮有收获。不只在春节,在元宵节、中秋节、重阳节等,我都会和哲哲一起查找资料,了解这些节日都是怎么来的,有哪些脍炙人口的诗句,这些节日的习俗又经历了怎样的演变等。在我看来,节日期间上好传统文化课,显然比把孩子送到补习班更有意义,节日因此有了别样的韵味。

父母有意识地和孩子一起深入节日的内里,是打开中华传统文化的正确方式。在对谈之外,父母不妨以身示范,与孩子进一步感悟文化与社会、传统与现代的关系,如带孩子春节逛庙会、元宵节看花灯、端午节看赛龙舟等,都有助于孩子更好地了解社会经济、家国历史,为其精神世界注入必需的养分。

而且,传统节日往往与节气等有着千丝万缕的联系。近些年,关于节气的书籍非常多,亲子之间不妨借助绘本、民谣、科普书等,通过阅读来了解各种传统文化,借助民谚民谣探索历史悠久的农耕文化宝库。

把家庭作为传统节日大课堂

近些年,图书出版市场也好,教育培训市场也好,都瞄准中华优秀传统文化,进行深度的系统开发,推出了很多与之相关的教育产品。父母完全可以通过购书或买优质的传统节日课程等方式,把节日作为趣味学习、研究型学习的抓手,让孩子既可以关注中华优秀传统文化的发展与传承,也可以研究与传统文化有关的人与事,从中获得深刻的启示与教益。

例如,清明节又称踏青节、行清节、三月节、祭祖节等,一般是在每年公历的4月前后,与春节、端午节、中秋节并称中国四大传统节日,其历史可追溯到周代,距今已有2000多年的历史。唐朝以后,清明节扫墓祭祖逐渐成为传统。关于清明节的历史故事有很多,大家耳熟能详的是春秋时期介子推与寒食节的故事。

关于清明节还有很多脍炙人口的诗词,如唐代诗人杜牧的《清明》,温庭筠的《清明日》,贾岛的《清明日园林寄友人》;宋代范成大的《清明日狸渡道中》,柳永的《木兰花慢·拆桐花烂漫》,辛弃疾的《念奴娇·书东流村壁》,都是佳作。诵读这些诗词,可以了解古人在过这一节日时的所思所行,也能从中感受到古人的人文情怀。

遗憾的是,无论是在乡村还是在城市,每逢节日,孩子们大多在电子产品的陪伴下打发时光,父母似乎没有意识到传统节日所蕴藏的丰富内涵,更谈不上和孩子一起品味节日,错过了最佳的教育时机。实际上,不管时代如何变迁,作为社会最小单位的家庭,永远是文化传承的重要场所。传统文化能否得以归纳总结、顺利传承,孩子对学习传统文化是否有兴趣,对家国历史的关注程度,对民族精神与民族性格的自查自省等,都反映了家庭教育的成败,也直接关系到孩子未来的胸襟与格局。

在跟哲哲一起探究的过程中,我愈发觉得,中国传统节日其实反映着生活在这片土地上的老百姓最古老、最朴素的生活愿望,即期盼丰收和团圆,忙碌中求平安,逆境中求幸福。而节日背后的中华传统文化,则是一座宝藏,有非常多可以挖掘的东西;同时也是一条通幽小路,带我们寻根溯源,了解融入古人血液中的性格、气节到底从何而来。读懂了这些,也就慢慢读懂了中国。

在传统节日期间,为孩子精心设计一些通俗化、系统化、趣味化的传统文化课程,慢慢地,我们就会发现,孩子更容易变身为中华优秀文化传统的承继者,成为一个拥有文化自信的中国人。

再苦再难，也要在孩子面前安如磐石

> 为什么上中学后，孩子好像变了一个人？
>
> 中学生为什么喜欢动漫？这背后有什么心理动机？
>
> 面对"叛逆"的孩子，家长该怎么做？

2020 年颇不平静。因为疫情，不少人患病、失业、无法正常做生意，日子很不好过。我也深有体会：生活节奏被打乱；出国计划被取消；5 月末父亲因病去世，更是让我很长时间如丢了魂一样，陷入深深的痛苦中。

但为人父母，我还要支撑起自己的小家，不能被生活的重担压垮，不能任性地耽于痛苦而不能自拔，不管怎样都要担起责任。痛定思痛之后，我挺起胸膛，让生活继续。这样做，不只是为孩子做榜样，还是为了让他们明白"生活"二字的真正含义。

逆境是生活的一部分

每个家庭都会遇到困境，关键是如何看待。

哲哲上半年一直在家上网课，晚上我俩经常到小区周围散步，一是缓解心理压力，二是增进感情。他跟我讲自己的爱好与理想，我则向他讲述自己的成长经历：我小时候，家里经济条件很差，上初中时，每天都是从家里带午饭。但冬天没地方热饭，只能自己买一点。有时候家里给的钱不够，只好饿着肚子，在校外走一圈后再回教室，假装吃过饭了。现在回忆起来，虽为那时候的自己感到委屈，但我理解父母为我上学已尽了最大心力。这种经历也让我心存感激，珍惜已有，不断奋进。

我想向哲哲传递的信息是，谁都有陷入困境的时候，不可能总是顺风顺水，逆境本就是生活不可或缺的一部分，对此不必耿耿于怀。把挫折作为上天对自己的磨炼，作为向上生长的动力，通过挫折让自己升级迭代，才是正确的处世态度，也才能让自己真正从困境中跳脱。如孟子所谓的"天将降大任于斯人也，必先苦其心志，劳其筋骨，饿其体肤，空乏其身，行拂乱其所为"。

我还想让哲哲知道，无论我们家遇到了什么样的困境，这个家始终都是他的依靠，我和哲哲妈始终是他坚定的支持者，为他的点滴成长而高兴。每个家庭都是如此：父母爱孩子，体现在表里如一的行动和持之以恒的坚持中，给孩子更多的安全感，使其内心变得强大、自信；孩子把逆境作为考验，把家庭当作港湾，未来就能不惧任何风浪。

父母的逆商要高

关于逆境的问题,我也和哲哲分享了我的反思。那就是在逆境中,有的人一蹶不振,有的人逆流而上,有的人一笑而过,有的人深受影响。不一样的反应背后是不一样的心态。就像小时候的贫困,虽然激励我努力学习,但也让我多少产生了自卑怯懦的性格,许多时候不够达观和勇敢。

哲哲固然没有缺衣少食的经历,但在其他方面也会遇到逆境,能否以乐观的心态应对,对他的未来发展颇为重要。我和哲哲一起读过的《佐贺的超级阿嬷》中有句话说得不错:"别把辛苦看成辛苦,坚信明天会一片光明,就一定会有好运的。最后,人生是既有如意的时候,也有不如意的时候。这是一种平衡。"现实中,面对看似无法化解的困境,孩子越看得开,就越能迎难而上不气馁,越能发挥自己的才能,让梦想变成现实。

因此,父母要努力提升自己的逆商,拥有面对压力泰然处之的定力。面对困难,在意志上不垮,无疑能给孩子的心性养成带来极大的积极影响,如超级阿嬷对德永昭广的精神塑造一样。父母的精神力量在很大程度上就是家庭的精神基因。在此基础上,要借助励志故事和生活中的大事小事,帮助孩子慢慢磨砺个性,引导孩子正确看待挫折。毕竟孩子以后会面临很多竞争,也会陷入一些困境,当逆境来袭的时候,他们就会唤起幼年期、童年期的榜样力量和本能反应,在精神上绷得住,在心态上不畏惧。

家庭陷入困境，别忘了让孩子替你分担

让孩子感受到家庭的爱与支持，拥有乐观处世的心态，并不意味着父母要承担一切压力，千方百计为孩子创造一个顺风顺水的环境。在逆境面前，父母有必要让孩子一起分担，这样更有利于孩子的成长。

孩子是家庭的一员，到了懂事的年龄，他们有权利也有义务知道家里的真实状况，知道家庭的远虑或近忧。让孩子参与到解决家庭困难的过程中，会让他们珍惜当下，在现实中学习解决问题的办法。《少有人走的路》一书作者斯科特·派克说过："我们要让我们自己，也要让我们的孩子认识到，人生的问题和痛苦具有非常大的价值。勇于承担责任，敢于面对困难，才能够使心灵变得健康。"

而且，家人一起分担责任，解决问题，能增强家庭成员之间的凝聚力，让彼此之间的联结更紧密。都说患难之后见真情，这句话适用于友谊，更适用于亲情。父母怀着浓浓的爱与尊重，和孩子一起历经风雨、享受幸福，就是在有滋有味地生活。

青春期的渡口

青春期就像一个渡口。

孩子从幼年期一路长途跋涉而来,就是为了借助青春的小船,驶向另一个人生起点。那里不再有父母的悉心照顾,需要孩子独自背起行囊,踏入社会,开拓自己的一片天地。

为人父母,都希望自己的孩子与自己亲密无间,但青春期的孩子表露出的往往是一副陌生的模样,他们会有不同程度的"自闭",喜欢独处,不再像童年期那样听话。亲子之间常会发生争吵,彼此看不惯,甚至导致关系紧张。

这都是正常的现象,只是在不同家庭中程度轻重不同。青春期,是成长的重要阶段,是亲子关系的一道坎,是对父母教育理念的一次巨大考验。如果父母懂得此时孩子教育的关键,就能帮助孩子顺利进入成人初显期,再次体会到天伦之乐。

在青春期的渡口,父母是摆渡人。重新认识孩子、认识自己、认识教育,就会发现生活原来可以如此美好。

了解亚文化，陪孩子走过青春期

> 青春期是孩子成长的一个转折点，也是亲子关系的转折点。处理不好，两败俱伤；处理好了，彼此都能享受到成长的快乐，更加明白何为"血浓于水"。

2019年，电影院上映了《哪吒之魔童降世》《银河补习班》《少年的你》《决战中途岛》《星球大战9：天行者崛起》等影片，我就想找个空闲时间和哲哲一起看一部。但已经初三的他明确表示不喜欢这些，要看就看自己想看的。问他想看什么电影，猜了好几次也没猜对，最后他告诉我，最想看的是日本的动漫电影《命运之夜》。

对于动漫，我一向不是很感冒，但如哲哲一般的中学生却非常痴迷。哲哲独自观影回来后，告诉我电影非常好看，豆瓣评分也非常高，奇怪的是看的人并不多，而且去看的好像都是中学生。

后来，我特意抽空看了这部《命运之夜》。坦率地说，除了卡通人物的形象让我不是特别喜欢,其他都还不错,尤其是故事很吸引人——"传说中,圣杯是非常神奇的宝物,谁拿到圣杯,就可以实现一切愿望。为了得到圣杯,一场旷日持久的战争开始了。参加抢夺圣杯战争的是七位被称为"Master"的魔术师,他们与七位被称为"Servant"的使魔订立契约,结对组合。能获得圣杯的只有一组,这七组人马各自为了最后的胜利而展开竞争……"

这部电影让我想起当年看金庸武侠小说《倚天屠龙记》的场景,主人公都是为了抢夺宝物而激烈厮杀,结果都出人意料。看我喜欢《命运之夜》,哲哲又向我推荐了同类型的《进击的巨人》《宝石之国》等动漫。抱着和哲哲有共同话题的目的,我利用一星期的时间看完了《进击的巨人》,越看越觉得有意思,明显感觉《进击的巨人》是关于人类世界的一个隐喻。巧合的是,90 后同事跟我闲聊,也告诉我特别喜欢这部动漫,很期待 2020 年 9 月开播的第四季,想知道最终是怎样的大结局。

从《命运之夜》到《进击的巨人》,从对哲哲的不理解到与他的共同话题越来越多,慢慢地,我似乎触碰到了所谓的"青少年亚文化",明白了应该如何与青少年交流。

"刷番达人"刷了 400 多部漫画

我曾问哲哲为什么那么喜欢日本漫画?他告诉我,在他们学校,人分两种,一种是喜欢某部漫画的,一种是不喜欢的。许多人以对某部漫画的了解程度来显示自己多牛。他们班一位同学就是"刷番达人",至今已经刷了 400 多部。

从这番话可以看出，在进入中学阶段的青少年中，的确存在一种所谓的"亚文化现象"。所谓"亚文化"，又称小文化、集体文化或副文化，指某一文化群体所属次级群体的成员共有的独特信念、价值观和生活习惯，与主流文化相对应的那些非主流的、小众的文化现象。一种亚文化不仅包含与主流文化相通的价值观，也有属于自己的独特的价值观，而这些价值观是散布在各种主流文化之间的。青春期亚文化是指正值青春期的学生，处在一个只有他们自己才懂的"江湖"中，有他们自己特殊的语言。

青春期亚文化有一些比较明显的特征，这些特征既反映在青少年正在变化的身体上，也反映在他们看似成熟实则依然单纯的心理上。

一是"自闭"。这个"自闭"不是生理上的自闭症或孤独症，而是心理上渴望独处或划出自我生活边界的表现。从现实来看，青春期的孩子大多希望有一个独立的不被打扰的自主空间。在学校里，他们更愿意跟自己信任的好朋友交流，而不像小学时那样，主动跟老师"套近乎"，和老师聊得不亦乐乎。此时同伴对他们的情绪影响更大，友谊是他们更为珍视的东西。在家里，他们则喜欢关上门，宅在自己的房间里，听音乐，打游戏，和朋友聊天。他们和父母没有太多话说，不再像小学时那样把一切都告诉父母。

二是情绪不稳定。有人说，青春期的孩子既有天使的一面，也有魔鬼的一面，因为他们的情绪喜怒无常。例如，高兴时，他们像成人一样肆无忌惮地放声大笑；被拒绝或被批评的时候，他们又很容易控制不住情绪，满脸通红地发火，个别孩子甚至可能会摔东西或自残。有些时候，他们会把父母气得不行，自己还觉得没什么。

三是注重外表。到了青春期,青少年的激素分泌、性器官和大脑结构都在发生变化,每一种变化都会引发青春期思维、感知、互动及决策方式的改变。美国心理学家劳伦斯·斯坦伯格将这一阶段称为大脑发育的"第二个关键窗口"。在这个关键窗口期,青少年往往非常在意自己的外貌、衣着打扮、消费方式、同伴关系等。他们开始关注自己的发型是不是最优,手机是不是新款,会对彼此父母的职位、经济收入、家庭条件(如房子的面积,是否有车等)进行有意无意的对比。由于这些属于家庭秘密,因此对比也都是隐秘的,但却会普遍发生。

四是对友谊格外敏感。美国心理学家阿内特说过,在孩子9~10岁时,父母是他们成长的最大影响源。即从出生后开始,父母的言行举止对孩子的影响力逐渐增大,在10岁左右达到峰值。而后父母的影响力逐渐下降,而同伴的影响力逐年上升。对进入青春期的青少年来说,他们进入了受同伴影响的阶段,对同学友谊格外敏感,尤其是在没有学会如何与异性同学相处的情况下,他们更容易表现出被友谊影响心态的综合征。

第二次"断奶":精神分离

需要指出的是,青春期亚文化是一种正常的成长现象,更多的是青少年成长的客观要求,是人生"断奶"的阶段性标志之一。

总的来说,一个人一生要经历三次"分离":第一次分离发生在上幼儿园时,第一次与父母长时间分离,身体上的距离感比较明显,对幼儿的心理影响比较大;第二次分离发生在进入青春期后,此阶段有更多

"精神分离"的意味，青少年渴望在心理和精神层面挣脱父母和家庭的羁绊，通过自主做决定、自主做选择等方式来彰显自我；第三次分离发生在高中毕业或上大学后，孩子离开家开始独立生活，此时他们已进入成人初显期，意味着一个人已经真正长大成人，从物质到精神上都要与父母和原生家庭来一次切断。

任何一个人都要经过这三个阶段，只是或早或晚而已。而且，三个阶段能否顺畅过渡，如美国心理学家爱利克·埃里克森所谓的能否顺利完成自我同一性，决定着他们未来的成长。即一个人的成长具有阶段性和连续性，每个阶段有每个阶段的发展任务，如果前一个任务没有完成或完成得不彻底，那么则会影响到下一个任务。由于青春期属于承前启后的关键阶段，是从孩子到成人的必然过渡，是从未成年向成年转变的准备期，因而有重要转折点的意味。

因此，只有纵观一个人发展的全过程，才有可能读懂青春期的意义，才能透过青春期亚文化搞清楚成长到底是怎么回事，以及孩子种种"叛逆"行为背后的真正动因。我们只有正确看待青少年亚文化，才能给孩子提供合适的、科学的教育，否则只会使青春期遭遇更多的风暴与挫折，影响到以后的事业、婚姻、家庭等。实际上，这样的例子不胜枚举。例如，有的人在谈恋爱时，凡是父母认可的就决定分手，凡是父母不认可的就决定在一起。持与父母相左态度的背后，往往是青春期独立的诉求没有被满足，等自己有了能力，便会行使权利以弥补当初留下的心理遗憾。相反，如果青春期亚文化能够得到父母的理解与尊重，青少年渴望独立的诉求能够得到满足和顺利完成，其未来的生活想必不会是这种结果。

亚文化不是洪水猛兽，不是青少年为了叛逆而叛逆，而是一种成长的独立宣言。青少年亚文化本质上更像是进入青春期的孩子为了摆脱成人对自己的"全面管束""围追堵截"而主动设置的一个屏蔽场域，最终达到独立目的的手段或途径。青少年标新立异、张扬自我，甚至故意挑战主流文化、正统文化的形式和规范，都是这种心理的外在投射。正如早期提出亚文化概念的大卫·雷斯曼所说，亚文化有一种颠覆精神。学者尹鸿也指出，亚文化"反映的是部分没有或者暂时没有进入主流社会体系，获得主流文化认可的'边缘'或者'孤独'人群的文化自我认同。所以，大多数亚文化都是那些尚未获得足够社会地位和身份的青少年，以及社会中各种少数人群体的文化符号"。

在青少年亚文化这个场域，青少年使用某种特殊的语言代码，来完成同龄人之间具有保密性质的交流，而不必担心第一时间被父母获悉秘密。他们通过亚文化，一方面表明自己不同于儿童和成人的心理诉求；另一方面试图在其中找到自己真正感兴趣的点，将之作为一种享受和学习方式。而且，在互联网时代背景下，由于传统的文化"把关人""看门人""过滤人"的作用被弱化，每个人都可以较为畅通无阻地表达并传播自己的观点，青少年亚文化因此有了更好的生存与发展土壤。

进入青春期的孩子，有着种种父母貌似看不懂的表现，其实背后体现的是他们自我意识的发展，他们要求有自己的独立空间，就是为了彰显自己是一个独立的人。他们的这种独立意识是帮助他们进入社会的表征，因为只有这种独立意识逐步建立起来，他们才能逐渐脱离原生家庭，脱离父母，去开创自己的天地。自我意识的萌发是一种内在成长力量的苏醒，作为父母，应该庆幸孩子的这种发展，这表明他们正在长大成人。从这种角度看,带着理解、善意的眼光去看待青少年亚文化,以发展的眼光看待孩子,才能维系良好的亲子关系,也才能读懂青春期的全部秘密。

一个值得深思的现象是,青少年亚文化在形式上或许是固定的,但在内容上却随着时代的发展而不断变化。比如,在我的青少年时代,许多青少年穿牛仔裤,唱港台歌曲,去游戏厅打游戏,去录像厅看通宵电影,以此来彰显自己的与众不同。而且,这种形式的活动往往真的能将我们与父辈区隔开来,属于当时的青少年亚文化范畴。但放在当下的互联网时代,这不仅不前卫,反而显得很土,"很LOW","被DISS"。

因此,青少年亚文化在很大程度上是形式大于内容,目的是追求个性,让成人刮目相看。青少年亚文化在形式上是指种种非主流文化,体现为青少年这一群体特定的文化形式、内容和价值观,与历史上曾经风靡一时的受年轻群体喜爱的嬉皮士、嘻哈、乐活以及爵士音乐、摇滚音乐等文化大抵相似,终究会慢慢汇入主流文化的大潮中,慢慢被时代所消解,直到新一代进入青春期的孩子发挥创意,再以新的内容来填充,完成自我独立的宣言。

尊重亚文化,帮助孩子顺利走过青春期

进入青春期的孩子,有时候像天使,有时候像魔鬼,身上有巨大的青春能量,但他们却不自知,也不会控制。他们站在人生的关键路口,浸泡在亚文化之中,在非常需要同伴的接纳与认可的同时,更需要来自家庭的支持与陪伴。

相对而言，青少年更需要来自父母的包容与理解、尊重与欣赏。遗憾的是，许多父母惯常以不变的眼光来看待发展中的孩子，没能好好反省自己的成长经历，也没能及时提升自己，而是凭着惯性思维，想当然地按照自己的意愿来教育孩子。这种教育理念和教育方法往往在孩子进入青春期后，导致各种问题的集中爆发。

精神分析理论认为，孩子成熟的标志是"弑父"。这个"弑父"不是真的在肉体上杀死父亲，而是从精神上打败父亲，也就是超越曾经的权力者，获得自主权。这是一种自然的人类进化发展的铁律。所以，帮助孩子顺利走过青春期，家长首先要转变观念，认识到青春期是孩子成长的特殊节点，也是亲子之间的深度磨合期，亲子关系二次成就的关键期。因为所有的孩子，不管在什么背景和年代，青春期的重要主题之一都是寻找自我。唯有家长的教育观念转变了，才有望通过下面的行动取得积极的效果，真正推动孩子向一个完整的、独立的、有思想的人转变。

一是走进亚文化，与孩子多进行价值观的探讨。很多父母习惯于一天到晚谈学习，学习之外几乎无话可说，久而久之造成亲子关系的紧张。如果父母能放低姿态，抱着虚心学习的心态，和孩子一起聊聊与青少年亚文化有关的事物，也刷一刷番剧，听一听说唱音乐、电子音乐，看一看街舞，让孩子带自己去看他们喜欢的电影，听他们喜欢的歌曲，吃他们喜欢的食物，这样家长就会发现，青少年亚文化没有那么糟糕，也能借此了解孩子的思想发展史和精神发育史。从我的经验来看，青少年的确是在观看、思考、与同伴相互交流动漫等事物的过程中慢慢形成了自己看待世界、生活和他人的眼光。父母多和孩子聊一聊，既能得到孩子的认可，也有助于真正了解在互联网环境下长大的所谓"漫时代"。

二是青春期的父母要少说多做，让孩子感受到爱与支持。老老实实地做一个心平气和的成年人，享受当下的生活，真实投入生活。孩子和成人世界的鸿沟需要用理解和信任去填平，没有这个基础，青春期教育就显得非常无力。不管什么时候，做一个表里如一的父母，永远是家庭教育的一条真理。

孩子进入青春期后，父母一方面要和孩子真诚交流；另一方面要尊重这一时期孩子的身心特点，当孩子渴望独立时，就不必非要面对面地让孩子说出一切。比较明智的做法是与他们保持一定的距离，不再像童年期那样事无巨细地关心和照顾，有事可以以书面的形式交流。保持距离，既是不让自己尴尬，也是给孩子空间；进行书面交流，既向孩子表达了真实想法，又不至于让亲子交流变得尴尬。

一些家庭教育的问题多出在亲子关系上，亲子交流存在障碍。只要亲子关系搞好了，沟通渠道顺畅了，就不会出什么大问题。而父母少说多做，更容易保持亲子关系的亲密。值得一提的是，少说不是不说，当孩子求助于我们，想跟我们交流时，我们应该珍惜机会，认真回应孩子的问题。多做是指多为孩子做一些力所能及的事情，如给孩子做些美味的饭菜、洗洗衣服等。我们所有的默默付出，孩子都会看在眼里，这样更能在无形中激励孩子，让他们对父母多一些理解与牵挂。

三是放下身段，发自内心地尊重孩子。父母不是全能的，难免会出错，问题是一些父母有弱点却不愿意承认，犯了错不认错。对于青春期的孩子，家长不能再把他们当作儿时的那个乖乖仔，需要及时转换身份，以平等的态度与孩子交流。父母能放下身段，尊重孩子，反而更能赢得孩子的尊重。而且，这个"放下身段"，不是有时候放下有时候拿起来，而是一以贯之；也不是嘴上说放下，心里放不下，而应切切实实体现在行动上。

青春期的孩子往往特别敏感，尽量不要苛责孩子，尤其是不能带着负面情绪批评孩子。很多时候，虽然父母有理有据，说得孩子哑口无言，却不能让孩子心悦诚服，反而让他们彻底封闭内心，与父母为敌。只要父母能先冷静下来，问题其实就解决了一半。就算没有解决，也不至于引起冲突，导致亲子关系恶化。孩子青春期的到来并不突然，只是家长没有提前做好心理建设，以为自己经历过，知道青春期是怎么回事，等到与孩子真正产生矛盾了，才感觉到自己的无奈。如果父母能平心静气，做好情绪管理，进入青春期的孩子反而不会像小时候那样乱发脾气。说到底，父母的从容是帮助孩子顺利走过青春期的法宝。

四是力所能及地引导孩子正视青少年亚文化。不得不承认，青少年亚文化有许多积极的部分，如励志的漫画，有个性的音乐和街舞等，但其中也有一些不那么和谐的部分。如为了满足青少年的心理需求甚至生理需求，宣泄功能比较突出；在文化层面往往带有某种"粗鄙性""暴力性"和污化的语言，具有某种带有攻击性、叛逆性的心理倾向等。对此，父母不妨创造机会，和孩子一起挑出来加以辨析，一方面承认青少年亚文化中的积极部分，另一方面指出其中过于夸张和不利于青少年身心成长的内容，使青少年亚文化体现出更多的真善美，让亚文化成为孩子正常的、科学的、有益的心理宣泄，而不是主流文化的反面。

将心比心，父母站在孩子成长的高位正确看待青少年亚文化，就能慢慢把握这一成长阶段的特殊性；而有父母陪伴和善待的青少年，不仅能顺利走过青春期,未来也会很精彩。他们即使遇到挫折也不会胆怯,遭遇挑战也不会退缩,因为被父母信任的孩子是最有力量的,被理解和接纳的青春期是人生真正的转折点。

关注孩子内在的学习动力，而不仅仅是成绩

> 补课一定能提高学习成绩吗？
>
> 成为"学霸"最重要的因素是什么？
>
> 如何激发孩子的学习动力？

很久以来，"补课"都是教育热词

尽管补课科目不同，但目的是一致的：提高孩子的学习成绩。但所有补课都会有好结果吗？未必。澎湃新闻不久前就曾报道过，2020年5月，杭州的葛女士花七万多元给女儿报了补习班，可半年下来，孩子的数学还是不及格，"现在我孩子考试成绩还是跟原来一样，甚至比原来更差"。

可怜天下父母心，为了孩子取得理想成绩，不少爸妈省吃俭用，把真金白银交给了补习班，结果却事与愿违。原因何在？真的像报道中培训机构所言，"如果想要在学习新知识的阶段把成绩提上去，仅靠每周

两个小时的补习是不够的"？如果继续追加投入，增加补课时间，就一定能提高成绩吗？其实，孩子的学习成绩有三个重要支撑：一是学习动力，二是学习习惯，三是学习方法。没有强大的学习动力，良好的学习习惯，和合适的学习方法，再怎么补课都是缘木求鱼。

学习是一个系统工程，交钱上补习班不可能有立竿见影的效果。即便个别人一补就灵，往往也不是因为老师多么神奇。因此，对大多数家长来说，想要为孩子的学业提供较大的帮助，首先要做好思想工作，帮助孩子找到学习动力，知道为谁而学，解决畏学、厌学的问题，其次才是如何去学的方法问题。

文化课如此，体育课也是这样。当下，因体育被纳入中考使得体育课外班极其火爆，培训价格不断上涨。据媒体报道，北京一家少儿体能培训俱乐部开设了"中考体育"课程，平均200多元一节课，而广州一家少儿体育中心更是报出30节跳绳私教课共9600元的价格。就算如此，仍有不少家长买账，认为钱花得值。对此，《光明日报》刊文指出："重视体育的意义自不待言，而对中小学生来说，运动本来就是一种天性的释放。然而，当重视体育在现实中竟然演变成学生多了一个课外班，未免偏航了。"

的确，家长不相信学校的育人能力，把孩子的未来托付给培训机构，认为学习成绩与资金投入成正比，显然有些想当然了。学习自有其内在规律，逼迫不如引导，用蛮劲不如用巧劲，从外部施压不如从内部激励。与其花大力气给孩子报各种补习班，不如和孩子一起梳理学习习惯上的优缺点，不断提高自身的反思总结能力，让孩子遇到问题时知道如何解决，然后制订学习计划，按部就班地完成。假以时日，学业成绩自然会不断提高。

从现实来看,帮助孩子提高学业成绩,父母要做的不是到处找补习班,而是减少教育焦虑,静下心来帮助孩子从小养成课上认真听讲、跟着老师的思路走,课下按时高质量完成作业、劳逸结合的好习惯。同时,着力开拓阅读视野,为孩子夯实听说读写基本功,逐渐摸索出适合自己的自主学习方式。随着孩子年龄的增长,自主学习能力越来越重要,效果也越来越明显。

综观那些优秀学生,往往自律意识和自学能力都极强。一位名校大学生在总结自己学习经验时就表示,进入高三阶段,学校只在上午上半天课,下午和晚上老师均在教室里答疑。此时学生能否自我管理,查缺补漏,就成了学业高下的拐点。

还有一点是,父母要让孩子知道努力学习的理由。这一点,台湾一位作家说得很精彩,她对儿子说:"我也要求你读书用功,不是因为我要你跟别人比成就,而是因为,我希望你将来能拥有选择的权利,选择有意义、有时间的工作,而不是被迫谋生……"当哲哲看上去很懒散时,我会跟他讲我的成长经历,和我现在之所以依然坚持阅读写作的原因——生活中的努力与竞技体育有相似之处,那就是不断提高自己的能力,突破自己能力的上限,这是一件非常快乐的事情,与物质奖励截然不同。物质上的收获给人的快感其实很短暂,而自我成长与蜕变能让我们长久地处于幸福巅峰。

生活的意义在于让我们不重复自己,不重复昨天。如果说生命的价值在于活得精彩,那么这个精彩是与个人成长息息相关的,尤其体现在心灵上的自洽,能力上的升级迭代,以及精神层面的丰富。

因此，从小学到高中，孩子的学习成绩看似比拼的是智商或家长的经济实力，实则比拼的是家长的智力、定力和耐力，以及与孩子的亲子关系，对孩子德育教育的效果和精神激励，最终则落实在孩子的自主性上。有良好时间规划、自我管理能力的孩子，不仅大多学业成绩好，其他方面也不会差，有很强的综合能力。

《扬子晚报》曾报道过这样一件事：苏州工业园区一名13岁的男孩近日在小区电梯发生故障后，居然不慌不忙地打开书包，拿出作业本，安心写起了作业，网友看了直呼"太淡定"。男孩告诉记者，他当时并不害怕，只是不想上学迟到，恰巧有两道题目没做出来，便拿出作业来继续思考。有如此心理素质的孩子，未来可期。

在孩子培养学习习惯的关键阶段，家长不当甩手掌柜，多关注孩子的学习态度和学习习惯，让孩子从小养成好习惯，打好基础，认清学习的目的，激发出学习动力，爱学习，会学习，家长自然就能少操心，甚至不用再为孩子的学习操心。

提高自主学习力是件正经事

> 孩子不爱学习,有什么问题吗?
> 如何帮助孩子提高自主学习能力?
> 在培养孩子学习力之外,还要注意什么?

受疫情影响,2020年上半年,全国的大中小学校基本上都处于在线学习的状态,哲哲也是如此。

他每天宅在家里听课、写作业,虽然枯燥,一开始不适应,但慢慢习惯了,总体上状态还好。业余时间他看书、画画、听音乐,通过多种途径让时间不虚度,过得也还算充实。在我看来,疫情限制的只是他的户外活动,却阻挡不住他对梦想的追求和对自我提升的渴望。

在线学习：孩子的新挑战

我也知道，一些在线教学并未取得理想的效果。2020年3月，《法制日报》就指出，"有学生在社交媒体平台反映，家中缺乏学习氛围，而且长时间盯着屏幕，眼睛容易疲劳，状态不好，学习效率大打折扣"。这看似是部分学生的事，其实具有一定的普遍性。有教育专家对此给出了解决之道：大众媒体在疫情特殊时期，要发挥积极作用，给学生提供一些学习方法，帮助学生提升自主学习的能力。

在特殊时期，学校无法开展正常教学，在线教学或让学生自主学习，便成为一种必然选择。但自主学习并非仅仅让孩子自己学，父母不管不问，抑或老师单纯布置作业让学生做。自主学习有其内在的科学体系和程序要求，是与传统的接受式学习相对应的一种现代学习方式。效果如何首先取决于孩子是否有学习力，即学习的热情是否高涨；其次取决于孩子的学习习惯如何，即是否善于预习、复习、检查、反思。

综观那些优秀的孩子，学习过程中前期认真规划，中期踏实执行，后期查验反思。他们往往能自主规划学习的进度，选用适合的平台或方式，如阅读、听讲、研究、观察、实践等，使知识与技能、情感与价值观均得到升华。

对中小学生来说，最需要培养的就是自主学习能力。想让疫情期间孩子的学习更有效率，家庭和学校都要花心思、下力气，激发孩子的学习动力，培养孩子的自主学习能力。这样既能不耽误疫情结束后正常的学校教学进度，也能让孩子真正学有所获，不辜负大好光阴，实现真正意义上的弯道超车。

从哲哲的学习经历来看，自主学习能力并不容易练就，需要从小磨炼，在不断试错中提升。至于家长，与其做孩子学习的监督者，不如做一个参与者，加入孩子的学习过程，与之共同发现、研究、解决问题。无论是搞一些小发明、小创造，还是玩一些小探索、小游戏，都有助于让孩子爱上学习，发现学习的门道。

如果有可能，可以像华东师范大学面向全校学生发起的劳动实践体验活动那样，引导孩子居家开展各类创造性劳动实践活动，如栽培蔬菜，进行科学观察，记录成长，都是不错的学习。或者引导孩子学习一门有家乡特色的手艺，烧一个家乡菜，做一样家乡特色物件，并以短视频、图片、绘画的形式呈现出来。学习的兴趣一旦被激发，学习能力自然能水到渠成地获得。

自主学习反映了孩子的综合能力

疫情固然带来很多麻烦和损失，但也为全面推进自主学习提供了一个良好契机。自主学习本质上是一种核心素养，反映了孩子的综合能力，通过制订计划并严格按照计划开展学习，增强目标意识，确定学习范围，营造学习环境等，考验着孩子的自律性，也考验着家庭与学校的教育成果。

孩子的学习力，始终是父母的心事，家庭的大事，也是学校教育的重点，但说到底是孩子自己的事。如果教育教学能培养孩子的自主学习能力，让孩子有明确的学习目标、学习计划，知道哪一种学习方式适合自己，如何评价自己的学习效果，孩子就能慢慢走上轨道，找到学习的动力、信心与成就感。与缺乏规划和主动性，整天打游戏，认为完成作业即万事大吉的孩子相比，有目标、有行动、有自主学习能力的孩子显然更有前途和作为。

引导孩子结合自身的兴趣设立小目标、大目标，从规划一天、一周、一个月的学习内容入手，与孩子一起检查任务完成的情况，及时反思不足，孩子便能慢慢提高学习力，取得肉眼可见的进步。

做好心理管理，才能更好地自主学习

疫情期间，孩子们基本上被"关"在家这个封闭空间，长时间与父母在同一屋檐下共处，难免引发一些矛盾。一些极端案例经常见诸报端。例如，澎湃新闻 2020 年 5 月就报道过，一位小学一年级学生的妈妈见孩子上网课不认真听课，多次口头教育无果后，冲动之下顺手拿起手边的一本书向孩子扔去。不幸的是，这本书砸中了孩子的左眼，当场导致眼睛红肿出血，最后确诊为左眼视网膜损伤，且伴有继发性青光眼，目前左眼视力仅能看见大约 20 厘米处的物体。

这起悲剧尽管属于意外，但让人很心痛，倒逼我们反思居家学习期间和孩子到底该如何相处。现实表明，在不少家庭，亲子沟通课显然还没有上好，亲子相处的哲学还有待进一步提升。也许有些家长口头上表示自己不会对孩子实施肢体暴力，但语言上的威胁与责怪，动辄训斥、贬损等软暴力并不鲜见。

人非圣贤，孰能无过。家长情绪偶尔失控，想必都能理解，但需要反思的是，居家学习一定会带来亲子冲突吗？亲子矛盾真的是不可避免的吗？在以往的生活节奏中，家长外出工作，孩子正常上学，亲子之间相处时间不多，矛盾爆发的可能性相对较小。但应达成共识的是，居家学习并不是造成亲子矛盾的根本原因，不该为亲子冲突"背锅"。相反，如果父母有意识在此期间不断增进亲子之间的联结，反而可以让原本不够亲密的亲子关系得到改善和升华。

那些优秀的父母或和谐的家庭，都随着孩子年龄的增长而更加注重经营亲子关系，不断提高陪伴的重心与质量，本身也为孩子做出了很好的自我管理示范，从工作规划到情绪控制，都力求做到最好。这些父母除了引导孩子合理安排时间，帮助其养成良好的学习习惯，还与之有深度的心灵沟通，激发孩子发现自己的使命，挖掘自己的潜能，把居家学习期变成了亲子关系增进、共同成长的关键期，使孩子慢慢提高了自学能力，形成了较好的自律意识，真正实现了加速成长、弯道超车。

亲子关系历来是家庭教育的核心内容，也是衡量家庭教育质量的标尺。好的亲子关系能让父母与孩子都感受到幸福和被善待，能让双方都展现出最好的生命状态，做自己喜欢的事情，并做出名堂、做出成就。想让居家学习期成为亲子关系的蜕变期、升华期，父母就要有自我反思的意识，直接对孩子说出自己的真实感受，这比简单的批评、指责更有效。孩子有了主见、隐私和自我意识后，父母要多尊重他们，避免消极的沟通方式，要努力倾听孩子说话，这样教育的效果会更好。

遇到矛盾，父母先后退一步

一旦出现亲子矛盾，不是第一时间找原因，而是从营造和谐家庭氛围的大局出发，主动化解矛盾，向孩子道歉。父母后退一步，不会有损父母的权威，反而能赢得孩子的爱戴。也许有家长质疑，明明是孩子看待问题偏激，为什么要父母赔礼道歉？此举背后的道理，正如教育专家所指出的，一段关系陷入僵局的时候，只有强势或者说处于优势的一方先做出改变，破局的可能性才更大。

与孩子相处是一门学问，尤其是面对逐渐进入青春期的孩子，更需要在实战中不断校正方法。如果说家庭教育有什么秘诀，那就是父母要不断完善教育方法。事实证明，孩子的青春期是父母得到回报最大的时期，亲子关系开始从简单的哺育式关系向深度的互动式关系转化。父母做好情绪管理，不轻易发火，努力保持淡定从容，对孩子的心性是一种很好的示范，对其走上社会具有非常深远的影响，会成为其未来一笔宝贵的精神财富。

每个父母都爱孩子，但会不会爱、如何去爱、爱得深浅，效果大不相同，反映在孩子身上也不同。某种程度上，居家学习期是一块亲子关系的试金石，父母需要抓住这一难得的机遇，坦诚沟通，相互支持，让亲子关系充满爱、尊重、信任等积极元素，这样彼此的未来都会变得更好，家庭也将更加温馨幸福。

亲子共同成长是一种非常美妙的感觉。记得疫情暴发之时，哲哲跟我说要开启减重计划，从88公斤减到80公斤。我当即对他的计划表示赞赏，并提出我也想减肥，我们互相监督。通过减少晚饭食量和假期运动，哲哲的体重真的一点点降了下来，6月份开学时降到了80公斤。2021年，哲哲继续他的减重计划，控制晚餐，加强运动。几个月下来，他180厘米的身高，体重则是71公斤，比我都轻，看上去真的是一个帅小伙了。我虽说也在减肥,但还是比他重一点,自愧不如。

当孩子有了自主意识,无论是加强体育锻炼还是提高学习成绩,都不在话下。所以,随着孩子长大,我们要以朋友的姿态帮助他们,让他们持续向上生长,学会自主管理,拥有较强的学习能力与开阔的胸襟,长成我们所期待的样子。

放手,是为了孩子更好远行

> 父母该如何面对分离焦虑?
>
> 让孩子永远在身边,是最好的选择吗?
>
> 终有一天孩子要远走高飞,在那之前我们该做些什么?

升入初中后,哲哲开始每天自己骑车上下学。

对于哲哲每天骑车 8.5 公里上下学一事,家里老人一开始比较担心,认为孩子年纪尚小,路上车多不安全,建议他每天打车上下学,我倒是安之若素。一方面,我有意磨炼他的意志品质,让正处于青春期的他有地方发泄旺盛的精力,在体魄上野蛮起来;另一方面,我知道他的车技和安全意识都过硬,能应对复杂的路况。

一学期下来,哲哲习惯了自己上下学,家里老人放心了,也证明我从小刻意培养哲哲独立的教育思路没有错。

简而言之,我早已放下了那份他迟早要远行的分离焦虑,并在他成长的关键节点，按部就班训练他的相关能力，使他一步步独立成长，这是从男孩到男子汉、从依赖父母到独立自主的关键。父母先要过分离焦虑这一关，大胆给孩子创造自我体验和锻炼的机会。父母见不得孩子吃苦，就换不来孩子真正的成长。孩子吃些皮肉之苦是好事，吃的苦头越多，越懂得珍惜幸福；付出的汗水越多，成就感也越强。摸爬滚打之后，孩子才能真正长大。

作为不缺席孩子成长的爸爸，我和许多父母一样，与哲哲每天亲昵、游戏，有一搭没一搭地闲聊，但我也知道他迟早有一天要独自远行。与其在他长大后被动接受，不如早日锻炼他远走高飞的能力，让他品味独立的滋味，体悟成长的意义。

记得刚上幼儿园中班的哲哲初学骑车时，也是摇摇晃晃，但没多久，带两个辅轮的小自行车就被他骑熟练了。哲哲很喜欢他的小车，就像绘本《阿文的小毯子》中的阿文喜欢他的小毯子一样，小车成了生活中不可缺少的一部分。等到哲哲上了大班，骑车技术强了，我就把后面两个轮子卸了。没有了辅轮，哲哲开始时很不适应，摔跤成了家常便饭。哲哲妈于心不忍，让我帮忙扶一下，被我狠心拒绝了。我不是不心疼孩子，而是知道过不了心疼这一关，哲哲就永远学不会骑车。我也看到不少爸爸在后面扶着车座，帮助五六岁的孩子骑自行车，结果爸爸满头大汗，孩子依然爸爸一撒手就往一边倒。

虽然偶尔还会摔跟头、哭鼻子，但成功的喜悦很快使哲哲忘了疼痛。实际上，成长就是这样奇妙：虽然遭受了不少身体或心理上的切肤之痛，但与自身的蜕变相比，这一切都不值一提。

等哲哲上了小学五年级，我每天和他一起练习骑车。车多的时候，我在他前面给他带路；车少的时候，我俩并肩骑行聊天。到了路口，我停下来给他讲注意事项，如左右观看行人和车辆，留心红绿灯变换的规律，判断机动车的行车路线，注意躲避其他车速较快的电动车，遇到行人比较多时，与之保持合适的距离，等等。

经过一段时间后，我对哲哲进行"路考"：他在前面骑行，我在后面几米远的地方跟着他，观察他对路况的判断，及时提醒他哪里做得不对，怎么改正，等等。小学六年级时，哲哲已经完全可以自己骑车上下学了，但为了遵守《中华人民共和国道路交通安全法》，我还是跟着他骑了一年。上中学后，他才完全独立骑车。而这时候，我对他的骑行安全已然成竹在胸。六年级毕业后的暑假，我俩还设计好路线，安排了一次郊区骑行，几天辛苦和快乐兼有的骑行之旅，算是童年的结业礼。

从哲哲的骑行经历来看，我愈发觉得，孩子独立的奥秘，就在父母有意识、有放手、有指导。有意识，是明白孩子的成长是不可逆的过程；有放手，是不把孩子控制于羽翼之下，让孩子去闯去拼去体验，我们只需要做好孩子精神上的后盾；有指导，是及时帮助孩子完善能力，就像去某个地方玩，我会有意让哲哲在前面给我带路，他借着导航很快能找到目的地。相比之下，哲哲有个一起学小号的同学，因为要到老师家里上课，这个同学一旦没有父母接送，就只能缺课。而哲哲已经习惯了独来独往，面对同学，他有很强的成就感。

不剥夺孩子锻炼的机会，让孩子从独立做家务、买东西等入手，慢慢找到独立的感觉。道理或许每个父母都懂，但落到自己头上，往往狠不下心来，结果一再拖延孩子的成长；更有甚者，使得孩子一辈子都过于依赖父母，酿成"巨婴悲剧"。从孩子骑车这件事上，就能窥见父母的教育观。我希望父母认识到过度保护孩子的危害,也别把孩子交给老人带,因为绝大多数老人舍不得孙辈受苦,也难以在孩子成长的关键期给予关键帮助。

说到底,成长是孩子自己的事,只要父母舍得放下,在方法上多指导,孩子就能够自立,成为我们期望的理想模样。

真正的教育,在于勇于承认失败

> 教育一定会成功吗?
>
> 当教育遭受失败,该如何应对?
>
> 教育者承认教育失败,是好事还是坏事?

诚恳的"丑话":教育常常会遭遇失败

哲哲升入高中后不久,我迎来了第一次线上家长会。会上,年级主任的一句话让我很受触动。她在介绍办学成果时说:"我们学校有考上国内外名校的,也有高考失败的;有找到梦想并为梦想全力以赴的,也有患上抑郁症辍学在家的……尽管教育常常会遭遇失败,但我们仍然希望和家长一起努力,让孩子不虚度三年时光。"

新学期的家长会,大多数中学,尤其是高中,更愿意展现学校光鲜靓丽、传统优良的一面,很少提及不光彩的办学历史,或承认某些失败的教育事实;更愿意介绍学校的升学率、"一本"率等,会着意强调哪年考出了全省、全市或全区的状元,有哪些杰出校友,对于不够"优秀"的毕业生则往往刻意回避。

如此做法,也很好理解,家校之间初次见面,都想给对方留下一个好印象。家长向来关注孩子的升学问题,关心孩子在校学习三年后能否考上心目中的名校。倘若一见面学校便主动承认曾在教育教学上出现的失败,家长无疑会对学校感到失望。

正是在这种报喜不报忧的习惯下,年级主任在新生家长会上勇于承认教育的失败,就显得与众不同,弥足珍贵。之所以这样说,一方面是因为新学年初,家校既然想要增进相互了解,就应该是全方位的,应该坦诚相待,尽管有所保留属于人之常情,但却失去了一份真诚。另一方面,学校除了正常的教育教学,还承担着引导家长践行科学教育观的职责,不应一味满足家长过于功利化的诉求。新生家长会上"把丑话说在前头",恰恰是一个让家校达成共识,在教育理念上力求合辙同轨的好机会。

孩子青春期,更要选对教育方法

进入高中阶段的学生,要想顺利升学,获得未来发展,除了调整好学习状态和学习习惯,还要做好情绪管理和心理疏导工作。这就需要家校之间密切配合,减轻孩子的心理负担。

从现实来看,孩子进入青春期后,亲子之间常常会有矛盾,学校有必要引导家长认识到此阶段孩子的身心特点,进而采取合适的、有效的教育方式。媒体曾报道过一则新闻:某初中生家长在校扇孩子耳光,结果酿成悲剧。其实，家长做好情绪管理，多了解青春期孩子的行为规律，多检视自己的不良教育行为可能产生的后果，就能帮助孩子在学业和心理上都实现良性发展。

但也要看到，即使学校再努力引领，老师再认真负责，有时候也会遭遇教育上的失败。家庭也是如此，父母的付出常常换不来孩子的回报。背后的原因，正如《教养的迷思：父母的教养方式能否决定孩子的人格发展？》一书中所说的，一个人的成长，在学校教育、家庭教育之外，还受社会教育、自我教育等的影响。而在众多因素中，对孩子人格发展影响最大的，是他的伙伴们。每个人的成长过程中都有着与自己年纪相仿、背景类似、相依相伴的小群体，而他们在社会化的过程中，最终依赖的也是这些小伙伴，即所谓的"群体社会化"。

我们想当然地认为，孩子如同兵器一般，锐利与否全凭家长手中的铁锤与熔炉的火候，这在《教养的迷思：父母的教养方式能否决定孩子的人格发展？》一书中被称为"教养假设"，作者用大量事实证明，这仅是家长们的自作多情。

因此，想要最大限度减少育人过程中的失误或失败，唯一的途径就是承认自身的不足，直面孩子成长受多种因素影响的现实，对平日的家庭教育行为进行反思。在青春期孩子深受同伴影响之时，我们要有所为有所不为，承认自己在某些方面的无力，接受可能遭遇的教育失败，转而多了解孩子都有哪些小伙伴，他们都在做什么，有怎样的性格特点等，其实就是寻找与自己孩子沟通的秘诀，找到打开引领其健康成长之门的钥匙。

"教育"与"管制"不同

无论家长还是老师都会犯错,承认失败不是什么坏事,检视自身,反省过往,会让我们越来越接近真正的教育者。

北京十一学校联盟总校校长李希贵在《为了自由呼吸的教育》中,就谈及自己从教早期一次"抓小偷"的经历,偷东西的学生是抓住了,但这名学生从此离开了学校。"慢慢地我明白了,教育与管制不同,教育的成功绝不是抓出一个小偷,它还有比抓小偷更重要的事情,那就是用情感改变一个孩子的心灵……"可见,勇于承认失败,并从中升华对教育的认识,重塑积极的教育观,才是在践行好的教育,才是真正在立德树人,更加让人肃然起敬。

千教万教,教人求真;千学万学,学做真人。无论是哪一阶段哪一类别的教育,都需要记住"真"字要诀,把引导孩子求真、向善、尚美作为教育目标,把培养德智体美劳全面的人作为第一要务。心中有了真,就不会回避也不会害怕教育的失败,就能从中吸取教训,让自己的教育教学行为趋于理想。同时,承认教育不是万能的,有时候甚至是无力的,不仅能让教育者及早把握教育的真谛,感受教育的魅力,还能为孩子做出有价值的行为示范,给他们塑造勇于担当的良好品质,在未来承担更大的责任。

需要指出的是,勇于承认教育上的失败,不是任由失败的教育发生,不是推卸本该承担的责任,而是直面现实,时刻检视和提醒自己遵循教育规律,从孩子的身心健康发展入手,做好每一天的家庭工作,尤其是注意不给孩子的身心发展留下阴影。

向哲哲道歉，让我改掉了很多坏毛病

坦率地说，哲哲初中阶段，我向他道歉的次数很多，很多时候是我真的做错了。从一开始不相信他在房间里学习，到后来看到他宅在家里就生气，再到后来觉得他把太多时间用来画画，都是我的不信任、强迫症和先入为主，才导致了这样的错误。

我也发现，向哲哲坦陈错误并一点点改掉了这些很多父母都会有的坏毛病后，我慢慢地重新得到了哲哲的信任，彼此之间的关系不再疏远。我相信，我家是这样，其他家庭也能达到这样的理想效果。只要亲子之间沟通顺畅，家校之间密切合作，家长认识到教育的复杂性、长期性、反复性，让教育彰显出更多的坦诚、率真和温情，孩子便能更好成长，家长也会尽量不留遗憾。

当亲子之间发生激烈的冲突

> 你和孩子发生过冲突吗,很严重的那种?
> 如何看待父母与青春期孩子之间的"斗争"?
> 什么方法能有效化解矛盾,让亲子关系重归于好?

家有中学生,父母和孩子没有不吵架的

想必每位父母和孩子都发生过冲突,只是时间长短、激烈程度不同而已。

有一次,我和研究心理学的师兄聊天,说起最近的烦心事。还未等我开口,师兄就问我:"是不是跟儿子吵架了?"我一愣神,很惊讶被他说中了。问他怎么知道,师兄回答,家有中学生,父母和孩子没有不吵架的。

在哲哲上中学前,我和他的冲突虽然不多,他却记忆深刻。还记得我曾问过哲哲我是不是一个好爸爸,他回答:"多数时间挺好的,就是有

时候比较暴躁,还打过我。"我反问什么时候打过他。他告诉我,有次他不会看时间,我摔坏了钟;有次他不想去游泳,我就给他了一脚;还有一次他不想吹小号,被我砸坏了小号。言之凿凿,让我一时无语。

但等到哲哲上了初中,我俩吵架的次数开始增多,且越来越激烈:有时候赌气好几天不理他;有时候怒摔各种东西;有时候恨不得揍他一顿却始终没对他下手,只能撞墙自残。当时,我特别有挫败感,感觉教育孩子很失败。

我们对孩子也许缺乏足够的了解

和哲哲有矛盾时,我和哲哲妈也经常吵架。我生气她总是和儿子一边,不考虑我的感受。她埋怨我固执,对孩子的教育方式没有改变,一生气就动手,搞得家里气氛很糟糕。

师兄给我的解决之道是,先梳理夫妻关系,再处理亲子关系。他还专门为我和我爱人建立了一个群,名为"青春有期"。在用心修复了和哲哲妈的关系后,我终于不再焦头烂额,四面楚歌了。从此我和儿子保持一定的距离,不再正面对着干,硝烟这才开始渐渐散去,我也开始深度反思自己的问题。

实际上,与哲哲的冲突也是有变化的:哲哲五岁时,我教他认识时间,一下午教得满头大汗却一无所获,我怒摔挂钟。反思起来,是我对儿童认知规律不了解,过于想当然,犯了一个很愚蠢的错误。哲哲八岁时,说好了去游泳,但到了时间他死活不去,我认为他懒惰,给了让他刻骨铭心的一脚。现在想来,我没有问他不想去是害怕游泳教练、害怕潜水还是有其他原因，又犯了莽撞之错。哲哲十一岁时，我给他报了足球班，一次训练结束后，教练发来信息说哲哲有点不主动跑位，加上我偶尔也看到其他球员跑位而他站着不动，于是我大发脾气。事后再想，我也许并没有看到事情的全部。

一次和哲哲在楼下吃烤串时，他告诉我："爸爸，你知道吗，你看到我玩游戏就生气，其实很多时候我是学了很长时间之后刚拿起电脑。你没看到我学习的样子，这让我很受伤。"的确，我没有全面了解哲哲做了什么，仅以看到的为判断依据，所以难免有失公允。

所以，当我们想要对孩子发火的时候，不妨冷静一下，反思看到的是不是事情的全部。多数时候，我们习惯于事情还没有搞清楚便怒发冲冠。

我的检讨书

心理学中有这样一条，当亲子之间发生冲突的时候，首先退让或道歉的，应该是强势的一方。父母与孩子孰强孰弱，不言自明。但我们往往放不下架子，犯了错也不愿意承认。这样做不仅没有保住尊严，反而失去了解决冲突的最佳时机。

认识到这一点后，我曾向哲哲妈和哲哲写了检讨书，一一剖析自己的不足。

检讨书

哲哲好，先向你道歉，检讨书没及时交。

不是没写，而是写完了觉得不满意，自觉检讨得还不够彻底、深刻。

一直觉得很了解你，觉得自己是个好爸爸，但从你掌骨骨折这件事来看，我发现我并不了解你，对你的内心和精神成长严重失职。

还有，我必须承认，对你的教育不够成功，距离一个好爸爸还很远很远。

以前一直不愿意也不敢承认这一点，尤其是面对众多家长讲课的时候，自诩做得不错。是我的虚荣心使我掩盖了很多问题，尤其是面对你不够好的成绩，我俩经常陷入对峙的情绪，还有家里氛围糟糕的时候，我习惯了掩耳盗铃。

你说，一切皆必然，一切后果皆有前因。你说得很对，我会好好反思。

还要坦陈的是，两年前咱俩经常斗气的时候，如我砸坏了你的小号，当时觉得自己杀伐果断，现在看来我是在用愤怒掩饰自己糟糕的教育能力，掩饰自己内心深处的无力感。

我当时还想把自己跟你、跟家庭割裂开来。实际上，这是逃避问题的懦夫之举，是很不堪的失败表现。我看似努力工作、成果丰硕，背后其实有逃避教育你的责任、享受自己舒适区的动机。我每天忙于工作，说是要赚钱养家，但仔细反思，也都是借口。

一个父亲最重要的事业，是自己的孩子；一个家最重要的东西，是父母和孩子都能快乐成长。我越来越认识到，在你进入初中后，我用力不够，用力不对，对你造成了不小的心灵伤害，所以我郑重向你道歉。

现在，我把大刀挥向自己，罗列自己的十大问题。

一是总拿自己跟你比。我不知道是否潜意识里有被你打败的担忧，抑或不被你尊敬的恐惧，总是有意无意将现在的你与当年的我对比。这样做非常不对，效果也非常不好。

进入青春期后，孩子需要的不是一个榜样，而是一个值得信任的伙伴。

爸爸应该以积极的方式激励你，而不是以带有贬损意味的方式倒逼你。

二是没有站在你的角度看问题。这一点是我后知后觉，太自以为是。比如，给你买了那么多的书，希望你认真读，却没有想你有没有时间，是否有兴趣，以及读后对你的现实生活有无真正的作用等。因为没有触碰到你的需求点，我做了很多无用功，也引起了你的反感。

三是固执己见，冥顽不化。很多时候，我嘴上说改，但行动上总反反复复，其实是心理认知模式没有变，信念没有转化。我的这种毛病应该给你造成了很大困扰，让你失望了。

四是对你不够信任。看到你在屋子里拿手机就以为你在玩游戏，这一点非常不好。作为一家人，尤其是作为父亲，怀疑自己的孩子确实不对。

五是对你要求太多、要求太高。爸爸经常以成人的标准要求你，希望你自律自强，一看到你不够努力就发脾气，对所谓的优秀、学霸执念太深，无形中给你很大的压力。

反过来想，爸爸也很难说优秀，经常放纵自己，管不住自己。对你高标准、严要求，属于脱离实际、空中楼阁式的教育，必须老老实实改正。

六是情绪化比较严重。爸爸总是控制不住自己的脾气，喜怒哀乐形于色，这明显是不够成熟的表现。对你的学习只关注结果，看到没有进步或进步不大，就怒从心头起，恶向胆边生，没有关注你努力的过程，上进的心态。这一点与你的姨夫差别太大。

七是对你和你妈妈不够关心。嘴上说关心，但在行动上落实不到位。对你的情绪状态和内心想法了解不够，也没有给你妈妈留出更多时间去享受生活。

八是责任担当不够。遇到问题习惯于从他人身上找原因，而不是第一时间反省自己。这一点，你妈妈说是我的自我保护意识太强，总是以别的理由为自己辩护，我深以为然。

九是自私自利。我总把自己打扮得光鲜亮丽，对你和妈妈不闻不问；只关心自己的成长，对你缺乏持之以恒的深入支持。

十是格局不够，缺乏远大志向。现在总觉得自己有了一点儿成绩，所以沾沾自喜，守在自己的舒适区，对未来缺乏统筹规划，没有做到深谋远虑，对你、你弟弟和妈妈的未来更是支持不够。

最后，还是向你诚挚道歉。爸爸会努力反思自己，努力做一个好爸爸。

我们一起努力做最好的自己。

爸爸
2019.12.18

检讨书我是认真写的，得到了哲哲妈的表扬，说反思很深刻。虽然没有得到哲哲的文字反馈，让我有点失望，但从那以后，他开始主动和我交流一些事情，我俩原本紧张的关系开始缓和，他又开始约我一起去外面吃东西了。

在缓解了刚和好的尴尬之后，我们虽然不再像童年期那样亲密无间，但总体来看还算不错，家庭氛围也慢慢变得和谐起来。我知道再也回不到哲哲小时候那种亲密状态了，因为我俩都发生了改变，更像两个成年人在交流。可以肯定的是，我们的亲子关系有了质的升级，哲哲的内心也慢慢舒展开，更加知道努力上进了。

未曾突破青春期的父母，又被孩子拽回了青春期

如果我坚持己见，始终认为我没有错，错的是哲哲；或者我搁置与孩子的冲突，不承认冲突，结果会怎样？

我其实可以想象，那就是我俩都纠结在负面情绪里，彼此谁也瞧不上谁，身心都被拖垮。《与青春期和解》这本书中是这样说的："一个关系中的问题在陷入僵局的时候，只有强势的或者说处于优势的一方先做出改变，破局的可能性才更大。"这句话道出了父母其实是青春期问题的破局人。

我时常觉得，养娃不只是为了传宗接代，还是一场自我心灵治愈之旅，尤其是青春期孩子的成长震荡，给了我们第二次机会去治愈自己过往的创伤，重新唤醒被隐藏的自己，为未来的人生充电。心理学告诉我们，那些能击中你的，一定与你自身有关，无论你是爱还是恨，针对的都是你自己的影子。

因此，无论是安抚青春期孩子的情绪，还是解决青春期孩子的行为问题，首先要面对自己的问题，努力解开自己的心结，放下自己的执念，然后再去做孩子需要的助手。

我们爱自己，才能爱孩子；我们与自己和解，才能与孩子和解。我

们接纳和相信自己，才能坚定地支持和相信孩子，孩子也才会在青春期的渡口，合理提出要求，寻求帮助，找到方向，走向未来。

我相信哲哲的未来会更好，也期待每位父母都能帮助孩子顺利度过青春期，完成生命的二次蜕变。

努力摆脱原生家庭的影响

> 该如何看待原生家庭的影响?
>
> 这种影响是绝对不可改变的吗?
>
> 该如何走出原生家庭的不利影响,重塑新我?

我对儿子是"假尊重""真权威"

哲哲上高中后,有一天对我说了一句话,让我很是震惊。

他说:"爸爸,你知道吗,我现在不爱跟老师顶嘴,害怕得罪老师,都是因为你!"我很疑惑:"因为我?是我太强势了吗?我也没觉得啊!"哲哲说:"你可能都没意识到,你的确很强势,尤其我小时候,你看上去好像很尊重我的意见,其实你都想好了。一旦我违背你,你就很生气,脸色很不好看。我呢,不想跟你对立,所以都听你的了。"

我果真是这样的爸爸吗?也许我没意识到,但客观上造成了哲哲这样的个性,我惊讶之余也很后悔,连忙向他道歉,表示以后会注意。过了一会儿，哲哲也许是为了帮我挽回面子，又说："爸爸，我不爱顶撞老师，也是因为会带来很多其他麻烦，浪费时间和精力。"他为他人着想的温柔性格让我心头一暖，于是我跟他一起分析我行为背后的心理原因。

我告诉哲哲："我一个学心理学的师兄一次指出了我几次评职称都没有通过的原因，是因为我与上位关系处理得不好，而与中位即朋友、同事、同学，与下位即孩子和比自己年龄小的人的关系，处理得都还不错。而与上位关系不好，反映了我从小生活在权威的阴影之下，久而久之便顺服了权威，不敢反抗，只会顺从父母、领导的想法。"

我和哲哲分析，我小时候，母亲即哲哲的奶奶虽然对我很好，但她做事风风火火、全力以赴，我如果达不到她的要求，就会被修理得很惨。印象深刻的一次是晚饭时，妈妈问我，一年12个月，一个月打11次工，能挣多少钱？当时我还没有学到两位数乘法，算了半天没算出来。母亲一气之下不让我吃饭，让我到院子里站到算对为止。

那时候是冬天，外面非常冷，我看着乌云，吹着冷风，脑袋愈发发木了，后来还是父亲把我叫回屋里。

所以，我跟哲哲分析，可能是我小时候时常被作为权威的母亲批评、体罚，所以潜意识里不敢跟比自己年长或强大的人对抗。当我成了爸爸后，无形中也扮演了母亲的强势角色，这是一种心理补偿，抑或是一种伪装，总之造成了代际传递，使原生家庭的行事风格得到了延续。

但说到底也怨不得母亲，也许当时的生活境况使她感到很大压力而无处发泄，只能在孩子身上出口气；也许我的姥姥、姥爷也是这样教育我母亲的。

原生家庭是性格形成的关键因素

幼年时父母过于强势,的确会影响孩子的性格。

2018年1月29日,一条新闻登上热搜:高考状元、北大本科、留美研究生王猛(化名)"拉黑"父母不回家!已12年没回家过春节的他,更是写下一封万字长信,回顾了自己与家人的过往。行文间言辞激烈,满是对父母的"肆意操控",父母的过度关爱,让他没能树立足够的信心的控诉……

其中罗列的一些细节也令人触目:小学一、二年级,班里文艺演出,要求穿齐膝短裤。"母亲却不由分说让我穿长裤,我提出带上短裤备用也没被准许。"王猛说,从小到大所有的衣服都是按照父母的意愿和审美来买的,几乎没有一次是按照自己的意愿选择的。

王猛五、六年级时,对奥数很有感觉,一开始母亲并不乐意让他去,最后还是勉强同意了。有次参加奥数考试,携带的文件夹不见了,找回后发现被划坏并涂抹,"回到家后,母亲不但没有安慰我,反而说'这下你知道外面的世界很精彩了吧'!"

高中毕业前,王猛的社交圈只有生活的大院,"朋友都是父母认识,了解或者听过的"。高中时,王猛曾强烈要求到外地的学校上学,但遭到父母的拒绝。原本以为,考上北大就能远离家乡,逃离父母的"控制",但依然没有。"离家前,父母要求我给北京的大姨打电话,请她日后多多照顾"。大姨不断给他打电话,甚至悄悄联系他同学了解他的情况。

看过新闻的人想必心里颇不平静,或者对王猛受到的种种委屈感同身受，报以深深的同情；或者站在父母的角度，觉得王猛"拉黑"父母十多年不回家，做得过于决绝；或者由此联想起自己的原生家庭，产生倾诉家庭"原罪"的冲动。

一方是字字泣血的控诉，另一方则是满眼含泪的委屈。新闻中提及种种细节，如王猛的父母"爱儿子，我们希望跟他重新联系起来""王猛从小到大的所有物品，哪怕是一个小小的手工，都在家里放着"等。这些都让人看到中国每个普通家庭的缩影，展示了80后、90后的成长侧面。

王猛的成长经历及其所受原生家庭的影响，是中国大多数原生家庭的普遍现象，具有相当强的共性和普遍性。因此，与其将王猛的"悲剧"扩大化，吐槽王猛父母的种种不是，痛责王猛的偏执冷漠，不如将原生家庭作为反思成长的镜子，直面长期困扰自己的心理问题，找到症结所在。

从心理学角度讲，人的性格从一出生就逐渐形成，而对性格形成起关键性作用的，就是原生家庭。从父母对婴儿哭闹的反应，与孩子的交流方式，到对孩子的道德教育，童年成长每个环节的态度，都对一个人的自我认同产生着深远影响。这种影响有时是有意识的，但更多时候是无意识的，如果没有主动检视的意识，就像有人所说的，"一个人永远走不出自己的童年"，只会让心结伴随终身，乃至一生都不快乐。

父母与孩子要"互相调适"

原生家庭对个人性格、心理认知等的确有影响，但有研究表明，这种影响不是决定性或压倒性的。因此,将自己所有的心理问题都归咎于原生家庭,或者将之作为推卸自己责任的挡箭牌,历数父母教育的种种不是,非但不能真正解决问题,反而成了一种逃避。只有将原生家庭作为一种参照,才有望真正实现自我成长,才是正确解读原生家庭的方式。

孩子要明白,天底下的父母大多是爱自己的,父母的心态或习惯既然很难改变,那就改变自我心态。要知道父母也是普通人,他们内心也有挣扎,要对父母多一些理解。

父母要明白,他们并非天生就是孩子的主宰,为人父母的过程也是不断反思的过程,不能拿自己的成长经历来教条地掌控孩子的成长。有了自我检视的意识,就不会觉得冤枉了,"前半程我们掌控他时都没事,后来才出了问题啊"。毕竟凡事有因果,没有对孩子前半程的掌控,就不会有后半程彼此的心理挣扎。每一代孩子都有自己的精神世界和成长轨迹,鼓励孩子去探索和顺利完成自我同一性,才是家庭教育的关键。

现在的我觉得,理想的家庭教育需要父母与孩子双方的反思,是一场开诚布公的双向互动,经过不断调适,在彼此真诚交流、相互尊重的基础上,不断反思教育观,梳理教育方法,才有可能收获良好的亲子关系。如果不这样做,成见只会越来越深,最终形同陌路。

一个人的童年与成年互为因果,从孩子童年起我们就应该多反思自己的教育观,让孩子有一个舒心而充实的童年。亲子之间共同面对困扰彼此的心结,坐下来找到问题所在,尽力去化解它,将之转化为向上生长的动力。

真正优秀的人应该具有这种"属性":在事业上取得他人难以超越的成就;在家庭中也是一名建设者而不是分裂者,做到与家人和谐共处,让父母更幸福,让家庭更有爱。

成长的心结,尤其是来自亲人的误解或伤害,终究是要解开的。一个人最无法接受或释怀的,往往就是来自至亲至爱的伤害,会留下一生都无法愈合的伤口。回到童年,回到原生家庭,直面这些伤口,找到问题所在,一个人才不至于背上"情感孤儿"的标签终其一生,也才有可能破茧成蝶。

好的亲子关系，从夫妻恩爱开始

> 夫妻关系与亲子关系都是什么关系？
> 为什么说经营夫妻关系是有必要且具有决定性的？
> 夫妻之间如何做到最好？有什么方法吗？

高考之后，父母扎堆离婚

做教育记者多年，我发现一个现象值得反思。那就是，每年高考结束后，考生父母扎堆去民政局办理离婚。中国有不少"虎爸虎妈"，也有许多"忍爸忍妈"，为了孩子不受影响，考上一所好大学，许多夫妻不约而同地撑到最后，一别两宽。但感情破裂其实是藏不住的，孩子早就觉察到了家庭氛围的变化，不过佯装不知罢了。

融洽而温馨的家庭环境，是父母给予孩子最好的礼物。我一直觉得，在孩子的心中，没有什么比幸福家庭更重要的，没有什么比父母陪伴更美好的。而幸福家庭的前提是夫妻恩爱，琴瑟和谐。好的夫妻关系还会增进亲子关系，让孩子拥有安全感、幸福感。即使偶遇挫折，孩子也会无所畏惧，一路向前。

为什么越来越多的爸爸妈妈离婚了

近些年来，无论国外还是国内，媒体报道的离婚率似乎都不低。我认识一个在北京知名小学做班主任的朋友说，他所带的班里有三分之一的学生父母离异。

尽管我们不该以偏概全，但孩子处于中学阶段的夫妻离异现象的确更为普遍。除了之前就有的情感不和因素外，还跟所处的年龄段有关，如人近中年身心容易倦怠、事业发展进入瓶颈期、夫妻情感遭遇第二个七年之痒、因照顾老人而产生的冲突增加等。

夫妻关系与亲子关系虽然目的不同，好的夫妻关系是为了白头偕老，而好的亲子关系则是成全孩子的未来，但不论何时，夫妻关系永远是亲子关系的基础，是高于亲子关系的上位关系。有教育专家呼吁，夫妻之间爱对方要胜过爱孩子，是有一定道理的。如果说亲子关系是家庭教育的重要内容，那么夫妻关系则是家庭教育的先决条件。夫妻关系经营好了，拉近有血缘纽带的亲子关系自然不在话下，往往水到渠成。传统意义上的母慈子孝，看似是良好亲子关系的写照，背后其实有夫妻相亲相爱的影子。

实际上，一个人如何处理与另一半的关系，总会带着原生家庭深深的烙印。原生家庭的影响，如同遗传密码一般，刻进我们的人格、行为模式中。很多心理学家认为，在婚姻中，表面上我们是在与自己的配偶相处，其实我们是在重新经历自己过去与父母的关系。婚姻关系可以说是我们在成长过程中，与父母互动模式的重现。因此，如果不想重复父辈的轨迹，就必须放弃小时候形成的对父母的依附，完成情感与经济上的独立。想要构建理想的夫妻关系，就要对原生家庭的影响有所觉知，重新审视夫妻关系，注重经营夫妻关系。

即便原生家庭和睦，也存在对新生家庭产生不良影响的地方，尤其是父母对子女生活上的过分关爱和经济上的过多支持，都会无端地扰乱小两口的生活秩序和相互磨合建立默契的过程。现实中，强调夫妻关系是第一位的，是家庭的基础，并不是说其他关系不重要，而是说不要将与孩子、父母、兄弟姐妹之间的关系凌驾于夫妻关系之上。当老人、孩子特别需要关注时，当然要用更多的资源去照顾他们，但一定要知道，夫妻才是家庭的"四梁八柱"，是真正陪伴彼此一生的伴侣，只有夫妻形成坚固的亲密共同体，才能给双方提供强有力的、长期稳定的支持和帮助。

有了好的夫妻关系为基础，其他家庭问题很容易一一破解；相反，夫妻关系不佳，孩子夹在其中，往往发展不好。这一点从《少年的你》等电影中可见一斑。这是因为，孩子首先需要的是情感上的温饱，其次才是自我能力的发展。心理建设做不好，成长动力问题理不顺，终究要爆发大的冲突。

孩子的诞生是夫妻关系磨合的一道分水岭，因为有了育儿的责任，有了更多需要处理的事务，如何分配，孰轻孰重，对双方而言都是全新的挑战。从我的经验看，有了孩子之后，夫妻关系要过三重关：一是幼儿时期陪伴孩子的时间分配，即谁陪孩子多一些的问题；二是小学阶段孩子习惯养成的主体落实，即谁主抓孩子习惯，尤其是学习习惯的问题；三是中学阶段孩子心理建设的责任，即谁主要负责孩子的身心成长。

这三关我都依次经历过，也感慨颇多。自我感觉第一关做得很好，因为陪伴孩子的同时，自己也很有收获；第二关做得一般，有得有失。得是哲哲看书很多，失是没有养成特别好的学习习惯，以致在后来的初中生活中因此遇到不少挫折；第三关问题不少，因为我自己在心理上就没有准备好，转弯比较慢，造成初中三年亲子关系一直陷于挣扎状态，时好时坏。等找到症结所在时，已然走了很远的弯路。

我们也曾陷入"情感危机"

我与哲哲妈的关系，也经历了从剑拔弩张到相互理解的过程。哲哲出生前，我俩相处很好。哲哲上小学时，在习惯养成的关键节点上，我和她在教育观上有一些分歧：哲哲妈认为学习成绩很重要，跟不上就要及早开始补课；而我认为兴趣培养更重要，小学阶段不必看重学习成绩。

因为不一致的教育观，每当哲哲出现问题时，我和哲哲妈就会相互埋怨、指责，我觉得自己的方法对，哲哲妈觉得我的方法很离谱。那时候，我多是依照自己的成长经验来教育孩子，寻求解决问题的方法，一遇到哲哲妈反对就很生气，搞得家里的气氛很紧张。

后来，有机会采访心理学家李子勋，顺便请教他夫妻育儿观点不一致时该如何应对。他告诉我，父母教育孩子的理念不一样很正常，关键在于相互沟通，寻求共识。如果有矛盾，夫妻之间要先解决，如果说些诸如"孩子，别听你妈（你爸）的"这样的话，会让孩子无所适从。至于到底听谁的，不妨民主探讨一下，必要时双方都做些让步。他还举例说，他从不单方面针对孩子的问题，如孩子学习成绩不佳、人际关系不好、有强迫症或暴力倾向等采取平抑措施，而是从家庭关系，主要是夫妻关系入手来解决问题。

　　李子勋的这番话给了我一些触动。我逐渐明白，很多夫妻之间的矛盾不是什么大不了的事，毕竟出发点都是为了孩子的健康成长。但意识不到深入沟通、达成共识的必要性，由着自己的性子来，不仅无助于经营夫妻关系，也损害了亲子关系。家庭无端分成两派，孩子被迫站队，岂不哀哉！

　　于是，我开始换一种思路面对与哲哲妈的矛盾。遇到问题，先与她平心静气沟通，努力达成共识。实在不一致，就让一步，先听她的。一些跟哲哲有关的小问题，我常常把小家伙也拉进来，听听他的意见。遇到一些大的问题，则全家一起讨论做决定。渐渐地，我们达成了一个共识，那就是学习、考大学是哲哲自己的事情，需要他自己决定上什么大学，对时间进行规划管理，我们全力做好后勤工作就可以，不对他的学业成绩负责。分工明确了，职责清晰了，大家的焦虑都少了很多。

　　后来，采访家庭教育专家贾语凡，论及中国家庭教育的最大问题，他的看法是没有界限意识，即不管是不是孩子自己的事，父母都代劳。树立界限是让孩子知道什么该做，什么不该做，并产生责任感，而责任感能帮助他们努力奋进，产生向上的动力。有了界限意识，孩子会慢慢知道自己的行为结果要自己承担，会慎重做选择，愿意承担选择后果；父母也不会越俎代庖，剥夺孩子的锻炼机会，转而思考如何对孩子的选择进行后果评估，分析利弊，做出最佳打算。

等到哲哲上了高中，我和哲哲妈已经能够做到各司其职，相处融洽。她更多地关心哲哲的吃穿，我则每天接他上下学，路上聊聊各种社会新闻、学业与未来等。我发现，因为家庭氛围变好了，哲哲学习时变得越来越专注，成绩也变得越来越出色，他对要上哪所大学以及专业方向也有了明确的目标，在我看来算是步入了成长的正轨，有了可期的未来。

夫妻之间，不要被对方的情绪带跑

很多时候，夫妻关系与亲子关系都会经历一个螺旋式上升的过程，有矛盾不代表夫妻关系、亲子关系无法修复，反而是进一步增进关系的契机。

营造好的夫妻关系有一定的内在规律：一是耐心沟通，注重语言的表达，尽量以积极的方式表达。商量的口气远比命令的口气更有效，更容易让对方接受。电影导演李安在《十年一觉电影梦》中感慨，中国人常言的夫妻"恩爱"一词，细细品来很有意思，即有"恩"才有"爱"，夫妻之间的爱始于彼此关心，有相互回报的意思。友好温柔的沟通，实则是一种"恩"的表现——多为另一半着想，少一些急躁，夫妻双方自会相敬如宾，相濡以沫，携手到老。

二是学会表达爱。夫妻之间不必羞于表达爱，很多时候，一句温暖的话，一杯热牛奶，哪怕是对方午睡时轻轻带上门，都是一种爱的表达。哲哲弟弟没出生之前，我和哲哲妈有个约定：每周到公园散一次步，每月看一次电影，出去吃一次大餐，每年出去旅游一次。我们一起散步的时候，或聊聊天，或交流工作上的事，或谈谈生活方面的感悟等，彼此感觉非常好。

哲哲小的时候，我们散步偶尔会带上他，听他讲学校里的趣事，讲读书心得。我和哲哲妈手拉手、肩并肩的举动也不避讳哲哲，毕竟让他看到父母感情好是一件好事，也算给他做了小小的榜样，让他知道美好的家庭始于父母友好相处，夫妻关系和美。

三是坦诚相待。随着年龄增长，这一条愈发重要，即夫妻之间能认真倾听彼此的意见，然后虚心接纳改正。现在，我习惯于把哲哲妈作为顾问，我写好的文章、要做的事情，都愿意第一时间跟她说说，听听她的意见。因为我天生是个急性子，经常会做出些后悔不及的事情来。例如，面对哲哲学习态度消极、哲哲弟弟哭闹而我不知道原因时，就会发无名之火。每当这时候，哲哲妈就会提醒我、开导我，给了我很多启发和帮助。

有一次，哲哲弟弟总是哭，搞得我很烦，但我不好向小小孩发火，就没给哲哲好脸色，这时哲哲妈对我说："老公，别管孩子怎么哭闹，你都别发脾气，对什么事情都要学会承接住。别人发脾气有发脾气的理由，你就观察这个发脾气的过程，不要被情绪带着跑，一跑肯定就偏。对任何人都一样，这句话不光是说给你听，也是说给我自己听。我们两个人遇到事情都不冷静，这一点要好好自我反省一下，为了自己也为了这个家……"

这句话真的说到了点子上，让我有顿悟之感，更加佩服哲哲妈的见识与胸襟。夫妻之间注重关系的经营，保持彼此的真实，遇到问题共同面对，也许才能实现《诗经》中所言的"执子之手，与子偕老"。

夫妻关系好了，孩子就会好

我很认可"教育学就是关系学"这句话，这个关系不是庸俗的功利关系，而是长久稳固的心理联结。家庭教育也好，学校教育也好，之所以能产生一种魔力，关键就在于从好的关系入手，建立了紧密的心理联结。有好的关系，好的教育才可能发生。

我常对听我讲课的父母们说一句话：如果真心爱孩子，不妨从爱自己的另一半开始，营造温馨的家庭氛围，为孩子的身心成长托底。久而久之，你会发现孩子在无形中正发生积极的改变。

想起哲哲小学时，我和哲哲妈每隔一段时间就去看一次电影。有一次出发前，哲哲凑过来说："爸爸，带上我吧，我保证不打扰你们。"我告诉他："不行，这是我和妈妈的专属时间，下次吧。"过了一会儿，小家伙又凑过来，对妈妈说："你不用着急，从家到电影院三分钟就够了。我建议你们买桶爆米花，再加两瓶可乐，那样才舒服。"这话让我和哲哲妈都很高兴，哲哲知冷知热，知道何为爱以及如何表达爱。

到了青春期，每当我和哲哲有了激烈的言语冲突时，也是哲哲妈从中调节，她多半站在孩子那边，督促我反思。在她的帮助下，我慢慢认识到，我与青春期孩子的交锋，很像是在和另一个没长大的自己较劲。一开始，我看到的都是哲哲的不好，诸如学习不主动、成绩不理想、爱好不能长期坚持、看上去很懒惰、物品摆放不规矩、缺少规划、做事不是瞄准上限而是下限，其实都和我有直接关系。我觉察到，我看不上那时的哲哲，本质上是接纳不了内心深处的"小我"。

当没有外力干预或独处时，我往往也会信马由缰，让自己放松一下，抑或什么也不想做。但实际上，我不希望这个"小我"被别人看到，就像不想看到不上进的哲哲一样。两种学习状态、生活方式，其实都是自己真实的一部分。

而从苛责孩子不够完美，到给彼此以空间，再到给孩子做榜样之余，想办法激励他找到向上的动力，这才算走上了家庭教育的正轨，才能真正实现家庭成员的共同成长。

感谢亲爱的哲哲妈

认识到这一点，我感觉自己放下了沉甸甸的心理包袱，在育儿上有了峰回路转的意思。

说实话，经历过哲哲初中三年后，我从心底里感谢哲哲妈，是她让我深入反思，每天有新的体悟，始终在成长；是她督促我摒弃成规，不断寻求突破。她的许多话在我养育二宝时，在我与朋友交往时，在我工作上陷入困境时，都很受用。

在育儿上，夫妻双方是一个共同体，本质上是一种共生关系，也在相互督促、互为镜像，更要携手努力，一起改变，互相关心，让彼此变得更好。虽然双方教育方法不同，但不同的教育方法背后应该是一致的教育理念或教育观。例如，当孩子来要钱，夫妻两个人要达成一致，即无论面对谁结果都是一样的。一方如果不在场，可以授权委托对方，但底线是坚持商量好的既定原则。夫妻在教育理念上一致，再面对孩子，孩子更容易建立好规则意识，减少家庭矛盾。相反，如果夫妻双方面对孩子各行一套，则很容易产生家庭纷争。

好的亲子关系下亲子双方会彼此珍视，共同成长，好的夫妻关系亦是如此。面对漫长的一生，夫妻之间需要相互扶持、理解、慰藉，以深度的心灵沟通与坦诚的教育合作，共同陪伴孩子顺利走过青春期，开启人生的下半场。

愿每对夫妻都能互信互助、互正互勉，愿每对亲子都相亲相爱、携手同行。

著作权所有，请勿擅用本书制作各类出版物，违者必究。

图书在版编目（CIP）数据

养育的觉醒 / 张贵勇著. -- 长沙：湖南教育出版社，2022.9

ISBN 978-7-5539-8770-5

Ⅰ.①养… Ⅱ.①张… Ⅲ.①家庭教育 Ⅳ.① G78

中国版本图书馆 CIP 数据核字（2022）第 033775 号

Yangyu de Juexing

书　　名	养育的觉醒
作　　者	张贵勇
责任编辑	张件元
特约编辑	徐　昕
出版发行	湖南教育出版社（长沙市韶山北路 443 号）
网　　址	www.bakclass.com
微 信 号	贝壳网教育平台
客　　服	0731-85486979
经　　销	新华书店
印刷装订	河北鹏润印刷有限公司
开　　本	710mm×1000mm　16 开
印　　张	13.25
字　　数	130 000
版　　次	2022 年 9 月第 1 版
印　　次	2022 年 9 月第 1 次印刷
书　　号	ISBN 978-7-5539-8770-5
定　　价	49.80 元

如有质量问题，影响阅读，请与湖南教育出版社联系调换。